Reconocimientos para *Todos los trabajos* [illegible]

"Ojalá hubiera tenido este libro cua[illegible]
dad, cuando empecé a vender y cuand[illegible]-
ticas... De hecho, ¡desearía ser el escritor [illegible]

–JAMIE R[illegible] *Hard Sell*

"¡Me encanta este libro! Transforma la sabiduría convencional de las ventas. Quedaron atrás los días de vendedores agresivos esperando que llenaras sus bolsillos comprando cosas que no necesitas. *Todos los trabajos... ¡son de ventas!* convierte las ventas en un dar y recibir, una calle de doble sentido, una interacción de *ganar-ganar*."

–CURT STEINHORST, conferencista, consultor y autor de *Can I Have Your Attention?*

"Este libro es perfecto para vendedores natos que todavía no se identifican como tales. Incluso los lectores que afirman ser 'alérgicos' a vender pronto adoptarán una actitud de yo-puedo-hacerlo después de la gran cantidad de ejemplos y consejos que la doctora Cindy usa para simplificar las ventas. Una lectura súper recomendable."

–DIANNA BOOHER, autora de *Faster, Fewer, Better Emails* y *Communicate with Confidence*

"*Todos los trabajos... ¡son de ventas!...* por el resto de nuestras vidas. Cada oportunidad de influir en otro ser humano es un trabajo de ventas... por el resto de tu vida. Este libro debería ser una lectura obligatoria en las 4 mil universidades de Estados Unidos. ¡Habilidades prácticas para la vida!"

–MICHAEL T. BOSWORTH, conferencista, filósofo de ventas y autor de *What Great Salespeople Do*, *Solution Selling* y *Customer Centric Selling*

"*Todos los trabajos... ¡son de ventas!* es un librito mágico y fácil de leer que ayudará a nuestro personal y gerencia a sentirse cómodos en sus encuentros con los clientes todo el tiempo, facilitando a Cole Hardware a cumplir los objetivos de la compañía. Como nos especializamos en una cultura servicial, este libro definitivamente maximizará el valor de todas nuestras interacciones con los clientes. Lo buscaré cuando esté publicado para distribuirlo a nuestro personal. ¡Buen trabajo, doctora Cindy!"

–RICK KARP, presidente, alias "guardián del karma" de Cole Hardware

"*Todos los trabajos... ¡son de ventas!* transmite verdades simples aplicables a todas las profesiones y personalidades. Como alguien que trabaja con una variedad de emprendedores de *start-ups*, los principios que enseña este libro dicen mucho de por qué no sólo el emprendedor hambriento vende algo, sino que, diariamente, todos lo hacemos. Las ideas progresivas y reflexivas compartidas por la doctora Cindy McGovern son verdades que todos deberíamos aplicar."

–ALEX KING, fundador de Archetype Legal

"Este libro no se trata tanto de nuevos conceptos, sino de historias, escenarios y ejemplos de la vida real que generan un libro realista y factible. La doctora Cindy es una auténtica narradora de historias. La conozco desde hace años y sé que vivió estas técnicas e hizo una carrera exitosa a partir del entrenamiento de estos conceptos clave: saber qué quieres; buscar oportunidades; generar confianza; prepararte para pedir y llevarlo a cabo. Tengo dos hijas entrando al mundo de los negocios y ¡veo esto como una lectura obligatoria!"

–KATHLEEN S. ELLIS, vicepresidenta de CNA International Solutions

"Todo el mundo en todas partes necesita la sabiduría que Cindy McGovern puso en su fantástico libro *Todos los trabajos... ¡son de ventas!* Si alguna vez has pensado 'no puedo vender' o 'vender se siente desagradable' este libro es para ti, pero también lo es si no te has dado cuenta de que todo el tiempo estás vendiendo (de manera personal y profesional). La doctora Cindy presenta un proceso paso a paso enfocado en la reciprocidad. Dicho proceso destruye las connotaciones negativas en torno a las ventas y te permite sentirte bien, incluso que lo que tienes para ofrecer es justo y el valor de estar aquí para dar a los demás."

–Maki Moussavi, conferencista transformacional
y autor de *The High Achiever's Guide*

"Como CEO y profesional en el desarrollo de negocios, sé la importancia de tener un plan y un proceso. La doctora Cindy guía al lector en un viaje para crear su plan y desarrollar un proceso que se sienta auténtico. Sin importar lo que dice tu tarjeta de presentación, siempre estás vendiendo y este libro te mostrará cómo."

–Robin Farmanfarmaian, conferencista profesional,
emprendedora y autora de *The Patient as CEO*
y *The Thought Leader Formula*

"Los profesionales exitosos son los que se responsabilizan por sus acciones. En *Todos los trabajos... ¡son de ventas!*, la doctora Cindy aclara que el éxito significa actuar con un propósito. Esto empieza elaborando un plan. Evoluciona hasta entender lo que otros necesitan de ti y aclarar lo que necesitas de ellos. Y termina con una relación para toda la vida construida sobre la veracidad y la confianza. La doctora Cindy dice que *Todos los trabajos... ¡son de ventas!* es un libro para cualquiera que trabaja. Yo diría que es para todos, punto."

–Linda Galindo, autora de *The 85% Solution*

"Soy un asesor de liderazgo ejecutivo. Una de las definiciones de liderazgo es influencia. Tener visión y ser capaz de hacer que otros compren y se comprometan. El proceso de cinco pasos de la doctora Cindy te enseñará esas habilidades. Debes tener disciplina. Cambiará tu vida si tienes el coraje."

–CHRIS COFFEY, maestro asesor certificado y líder de prácticas en Marshall Goldsmith Stakeholder Centered Coaching

"¡Qué bocanada de aire fresco! *Todos los trabajos… ¡son de ventas!* enfoca a los lectores en lo que quieren y cómo conseguirlo. Es el mapa esencial para el crecimiento personal y profesional."

–MARSHALL GOLDSMITH, autor de bestsellers del *New York Times* como *Disparadores*, *MOJO* y *¡Lo que logró hasta aquí no lo llevará al siguiente nivel en ventas!*

"*Todos los trabajos… ¡son de ventas!* es una guía para cualquiera que tenga que vender cualquier cosa (no importa si estás en un trabajo de ventas o no). El proceso de cinco pasos de la doctora Cindy te guía a través de la 'venta', desde hacer el plan hasta cerrar un trato. Si tienes un trabajo (cualquier trabajo) debes leer este libro. ¡Te volverá imparable!"

–ALDEN MILLS, CEO enlistado en *Inc. 500*, conferencista de apertura, asesor de CXO, antiguo miembro de los Navy SEAL y autor de *Unstoppable Teams* y *Sé imparable*

"Quizá escuchaste decir que todos venden, pero no lo creíste. Este libro te demostrará que es verdad y te enseñará cómo usarlo para avanzar en tu carrera y organización. No aprenderás trucos o tácticas sospechosas, sino principios éticos de persuasión prácticos y efectivos. Y si ya eres un profesional en ventas, este libro te ayudará a mejorar."

–Mark Sanborn, presidente de Sanborn & Associates y autor de los bestsellers internacionales *El factor Fred* y *Un principio potencial*

"Con *Todos los trabajos... ¡son de ventas!*, el nuevo libro de la doctora Cindy McGovern, prepárate para un gran momento eureka que cambiará la forma en que abordas cada interacción humana. Este libro motivador y factible primero te convence de que ya tienes las habilidades para vender (¡es cierto!) Después te comparte un mapa simple para volver a entrenar tu mente para buscar oportunidades de manera constante y conseguir un 'sí' más seguido. En el método de la doctora Cindy, 'recibir' está completamente entrelazado con 'dar', resultando en relaciones positivas a largo plazo sin el típico factor 'desagradable' asociado con las ventas. ¡No encuentro las palabras adecuadas para recomendar este libro lo suficiente!"

–Judy Robinett, líder de pensamiento empresarial, inversionista y autora de los bestsellers *Crack the Funding Code* y *How to Be a Power Connector*

"¡La doctora Cindy McGovern sacudirá tu mundo! Transforma las 'ventas' de una palabra sucia (el factor 'desagradable') en un latido vital de cada trabajo, a través de asesorías motivacionales para mentalizar al lector y un plan práctico y sistemático de cinco pasos para desmitificar el proceso de vender. ¿Quién no se beneficiaría de eso? Si no puedes contratar a la doctora Cindy como tu asesora de ventas, ¡su libro es la siguiente mejor opción!"

–Doctor Rick Brandon, autor de *Survival of the Savvy*, bestseller de *Wall Street Journal*

"*Todos los trabajos… ¡son de ventas!* es una mina de oro para las personas que se sienten cómodas o incómodas con vender. No sólo está lleno de valiosas herramientas y técnicas que puedes usar de forma inmediata, también de historias cercanas para entender cada punto. Sin importar en qué línea de trabajo estés, encontrarás que este libro tiene un gran valor porque todos estamos vendiendo 24/7."

–Jeff Wolf, presidente de Wolf Management Consultants y autor del bestseller internacional *Seven Disciplines of a Leader*

Todos los trabajos…
¡son de ventas!

Todos los trabajos… ¡son de ventas!

Cómo usar el arte de las ventas para triunfar en cualquier trabajo

Dra. Cindy McGovern

conecta

El papel utilizado para la impresión de este libro ha sido fabricado a partir de madera
procedente de bosques y plantaciones gestionadas con los más altos estándares ambientales,
garantizando una explotación de los recursos sostenible con el medio ambiente y beneficiosa para las personas.

Todos los trabajos… ¡son de ventas!
Cómo usar el arte de las ventas para triunfar en cualquier trabajo

Título original: *Every Job Is a Sales Job*

Primera edición: enero, 2021

ISBN: 978-607-319-740-3

Impreso en México – *Printed in Mexico*

Este libro es para todos los que alguna vez dijeron:
"Pero no soy un vendedor".
Espero que este libro te convenza de que usar las habilidades de los profesionales en ventas, sin importar tu empleo o posición, te ayudará a ser más exitoso en el trabajo y en la vida.

Índice

Introducción

Tengo tres verdades importantes que compartirte:

Primero, eres un vendedor. Todos los son, les guste o no.

Segundo, todo el tiempo deberías estar vendiendo, al menos de manera informal.

Y tercero, vender, aunque sea de manera informal, ayudará a tu carrera y negocio.

Lo sé por la siguiente razón: soy una profesora universitaria nata. O lo era. O pensaba que lo era. Ya no lo soy.

Soy una exprofesora universitaria. Resulta que soy una vendedora nata.

Resulta que soy muy buena convenciendo a la gente de hacer lo que le pido. Soy persuasiva, sé lo que quiero y me apasiona obtenerlo.

Esa pasión, en conjunto con lo que mi abuela llamaba mi "don de la palabra" y mi naturaleza extrovertida, parece ser contagiosa. Si en verdad creo en algo, con frecuencia puedo contagiar a otros esa misma energía y confianza. Entonces querrán ayudarme, darme algo, trabajar conmigo o ser mis amigos.

Es un don, lo sé y estoy agradecida por eso, porque me ha ayudado a vivir lo mejor de mi vida, tanto en lo profesional como en lo personal.

Este don, esta energía y confianza, me ayudaron a cambiar mi carrera de profesora universitaria a consultora en ventas. Con el tiempo me llevó a aceptar a mi empresaria interna y abrí un negocio para ayudar a personas que no son vendedoras natas (y que es probable que no quieran serlo) a aprender a vender, y ser más exitosas.

Yo nunca me habría llamado vendedora cuando era profesora, pero, sin darme cuenta, vendía todo el día.

¿Adivina qué? Tú también. No importa en qué trabajes. No importa si eres extrovertido como yo, un poco tímido o, incluso, introvertido.

Ésa es una revelación importante porque, sin importar qué trabajo realices (profesor universitario, abogado, chofer de Uber, ingeniero de mantenimiento, recepcionista, programador o cualquier otra cosa), tienes que vender cosas. Tal vez no lo veas así. Tal vez no te das cuenta. Pero lo haces. Todos los días. Cada día.

Como profesora, vendía a mis estudiantes el asistir a clases y entregar sus tareas a tiempo. Como abogado, vendes a los clientes la aceptación de un acuerdo y a los jurados la idea de que tu cliente no es culpable. Como especialista de mantenimiento, vendes a quienes toman decisiones en tu compañía el concepto de mejorar el equipo que necesitas para tener un buen desempeño y a las personas con las que trabajas la idea de usar ese equipo de manera adecuada. Como recepcionista, vendes a la gente que llama o se acerca a tu escritorio el pensamiento de que tú y tu compañía son amigables y valoran el negocio. Como programador, vendes a tus colegas o clientes la aprobación de tus diseños de páginas web y tus consejos. Como gerente, vendes a tu equipo el concepto de trabajar en conjunto para alcanzar una meta en común.

Sin importar el título de tu empleo, de manera inconsciente tienes que vender la idea de que eres competente, de que mereces confianza y de que es bueno trabajar contigo. Sólo con la forma en que hablas y te comportas, debes venderles a los clientes que conoces todos los días el pensamiento de que tu compañía es buena para hacer negocios con ella.

Todo el día vendes tus ideas. Vendes tu compañía. Te vendes a ti.

Déjame contarte acerca de mi propia epifanía. Fue el momento que me llevó a donde me encuentro hoy.

Después de trabajar como profesora universitaria de comunicación durante cuatro años, me postulé para mi primer empleo no académico. Respondí un anuncio sobre un consultor para asesorar empresas especializadas en seguros. Nunca había sido consultora.

Y no sabía nada sobre seguros, excepto cómo comprar el de mi auto.

Mi primera entrevista fue por teléfono (otra primera vez para mí). Durante la conversación con una mujer llamada Laura, descubrí que el título del puesto en realidad era "consultor de gestión de ventas".

Ups. Tampoco había vendido. Tres *strikes* hasta ahora.

Pero en cuanto a la gestión, sabía que podía. También sabía que era buena convenciendo a la gente de hacer cosas: los administradores de la universidad, mis estudiantes, mis amigos. Y supuse que, si lograba conseguir una entrevista en persona, sería como el oro.

Me propuse una misión: convencer a Laura (por teléfono) de darme una segunda entrevista, esta vez en persona. Sabía que, si podía verla a los ojos, la convencería de que me podían asesorar, enseñar y que haría bien el trabajo. Estaba segura de que si lograba conocerla en persona, vería mi pasión.

Recurrí a todas las técnicas de comunicación que aprendí en la escuela de posgrado y que enseñaba a mis estudiantes: hice un reflejo de su lenguaje y patrones de habla; ejercité la escucha activa y establecí conexión con ella.

Conseguí la segunda entrevista. ¿Y adivina qué? Obtuve el empleo.

En ese momento no lo sabía, pero el proceso que usé es el mismo que usan los vendedores profesionales más exitosos: hacen su tarea y planean la transacción, buscan oportunidades, generan confianza con la persona con la que están negociando, piden lo que quieren y dan seguimiento tras obtener una respuesta.

No me di cuenta de que estaba haciendo eso, pero Laura sí. Reconoció mi habilidad para vender y sabía que podía hacer el trabajo. Sabía algo de mí que yo no: que yo era una vendedora. Y después de contratarme, me ayudó a aceptar a mi vendedora interna en un momento en el que yo todavía creía que todas las ventas eran aburridas.

De hecho, seis meses después, cuando mi jefe me pasó (gritando y pataleando) de consultora a vendedora, me di cuenta de que estaba en algo más grande: entendí que las habilidades que usé para entrar a esa compañía eran las mismas que usaban los profesionales en ventas para vender los productos y servicios de sus compañías a clientes potenciales... todos los días.

Fue un momento eureka que, con el tiempo, me convenció de escribir este libro. Me vendí a Laura por teléfono y a su jefe cuando lo conocí en persona. Le vendí mi potencial, aunque no tenía nada de experiencia en consultoría o ventas. Me di cuenta de que las ventas no son algo que sólo los vendedores profesionales hacen.

Es algo que todos los profesionales hacen.

Siempre vendía cuando debía convencer a alguien de darme lo que quería o necesitaba. Vendía todo el día, dentro y fuera del trabajo, pero nunca le puse esa etiqueta.

Tú tampoco lo has hecho, ¿o sí? Llámalo como quieras. Siguen siendo ventas.

El rayo más grande me golpeó cuando me di cuenta de que todos son vendedores, casi todos los días, sin importar el título de su puesto. El cajero de una tienda de sándwiches vende a los clientes al añadir un refresco o unas papas a sus órdenes. El mecánico en una concesionaria automotriz vende a los conductores al ofrecerles la rotación de llantas para que duren más. El presidente de una asociación de vecinos vende a los vecinos al invitarlos a pasar una hermosa mañana de sábado en una reunión para votar por nuevas reglas. El conductor de un programa de radio vende a los radioescuchas el seguir sintonizados hasta después de la pausa comercial. Los técnicos informáticos en el mostrador de una gran tienda venden a los clientes el nuevo equipo electrónico al tratarlos a ellos y a sus problemas como importantes.

Es como el fenómeno llamado "síndrome del auto rojo": cuando ves algo (o en este caso, te das cuenta de algo), lo ves en todos lados. Si compras un auto rojo, entonces ves carros rojos por todas partes.

Perdón. No me quise poner en modo profesora. Supongo que soy un poco nerd de corazón.

Así que ahora todos sabemos esto: tú vendes, aunque no sea una parte formal de tu empleo.

¿Pero cómo hacer este trabajo "nuevo" mejor de lo que ya lo haces?

Siguiendo los pasos de *Todos los trabajos... ¡son de ventas!*

¿Acabo de escuchar un "ay, qué desagradable"? Lo sé, también solía sentirme así con el tema de las ventas.

¡Pero deja de golpear y patalear! Mi fórmula de cinco pasos para vender dirigida a personas que no son vendedores profesionales de ninguna manera es molesta, aburrida, estresante o poco ética. Más bien se trata de dar-y-recibir. Es más como: ¿qué puedo hacer por ti y tú por mí?

Mi fórmula te enseñará a vender de forma agradable. Juego bien cuando vendo. Siempre juego limpio. Así que no te pediré más que seas tú mismo y respetes a la gente con la que trabajas.

Este proceso de cinco pasos será útil cuando te encuentres en una posición de vender. Es como una guía para usar las habilidades de los profesionales en ventas para conseguir recomendaciones, conservar clientes, impresionar visitantes, influenciar a tu jefe o venderte a ti o a tu compañía a alguien más.

Mi fórmula será útil ya seas freelancer, contratista, maestro u obrero de una construcción. La usarás si eres empleado, gerente, ejecutivo o el dueño de un negocio.

Si eres gerente, te ayudará a crear una cultura laboral que aliente a los empleados (que no se dedican a las ventas) a traer nuevos clientes y a recompensarlos cuando lo hagan.

El hecho es que cualquiera que tenga un empleo vende (o debería). Incluso la gente cuyo puesto no incluye la palabra *ventas*. Hasta las personas que preferirían estar desempleadas a tener un trabajo en ventas venden (o deberían y podrían) todos los días. Si no, no están haciendo su mejor trabajo.

Todos los trabajos... ¡son de ventas! tiene dos objetivos:

1) Convencerte de que todos los que trabajan, venden, les guste o no, incluyéndote.
2) Enseñarte a vender con éxito, aunque no trabajes de manera formal como vendedor.

Desearía que alguien me hubiera dado este libro cuando hice la transición de profesora universitaria a consultora y a vendedora profesional al principio de mi carrera.

Para ser honesta, desearía que alguien me hubiera dado este libro incluso antes de siquiera aceptar mi primer empleo como profesora de comunicación. Ahora sé que les vendía a los estudiantes, administradores, otras facultades, incluso a gerentes de oficinas, cada vez que necesitaba una firma, permiso para asistir a un congreso o mayor esfuerzo en una tarea por parte de un estudiante.

Pero no me di cuenta en ese momento. Si lo hubiera sabido, lo habría hecho más.

Si hubiera tenido este libro en ese entonces, me habría ahorrado mucho tiempo "averiguando cosas".

La fórmula

Todos los trabajos... ¡son de ventas! se divide en dos partes.

En la primera parte revelo las oportunidades para empleados en cualquier puesto, tanto las más obvias como las ocultas, para atraer nuevos negocios, para retener clientes existentes y para venderse a ellos y sus ideas. Compartiré un secreto que, de manera inevitable, te llevará al momento eureka donde te darás cuenta de que en realidad vendes todo el tiempo y, por lo tanto, ya sabes cómo hacerlo.

En la segunda parte dividiré mi proceso en cinco pasos que te mostrarán con exactitud cómo emplear las tácticas, secretos y estrategias de los profesionales en ventas para usarlos cuando se presenten oportunidades de *venderte* a ti o a tu compañía.

El primer paso es *planear*. Aquí, descubriremos qué quieres en realidad y planearemos una forma de lograrlo.

El segundo paso es *buscar oportunidades* para hacer esas ventas.

El tercer paso es *generar confianza* con la gente que te puede ayudar.

El crítico cuarto paso es *pedir lo que quieres*.

Y para finalizar, el quinto paso es *dar seguimiento*, no importa si la respuesta es sí o no, para mantener relaciones y regresar el favor a alguien más.

A través de estos cinco pasos y de las lecciones enseñadas en el libro, te convenceré de que *recibir* está entrelazado con *dar*. Y tal vez lo más importante, te ayudaré a superar las limitaciones aprendidas por el miedo cuando se trata de pedir lo que quieres, necesitas y mereces.

También abordaré lo que me gusta llamar el factor *desagradable* de vender. Supongo que preferirías prescindir de hacer cualquier cosa que parezca ventas. Yo también era así hasta que descubrí un estilo de ventas más amable y ligero que se basa en la claridad, el beneficio mutuo y la gratitud. Eso es a lo que te introduzco en *Todos los trabajos... ¡son de ventas!*

Si eres como la mayoría de las personas, eres reacio a pedir lo que quieres. Tal vez ni siquiera creas que lo mereces. Así que es raro que pidas lo que quieres o lo que mereces.

El hecho es que los empleados que piden a un consumidor, cliente potencial, amigo, colega o a cualquier otra persona que haga negocios con una compañía, que compre algo o que haga cualquier cosa, son de manera exponencial más propensos a escuchar un "sí" que los que no preguntan.

Del mismo modo, alguien lo suficientemente valiente como para pedir un trabajo o un aumento es más propenso a obtenerlo. No hay razón para conformarse con lo que te ofrecen si crees que mereces más. Ya sea un mayor sueldo, vacaciones, un buen horario laboral o un trabajo, mereces más.

Y si no crees que mereces más, espero convencerte de que sí; de hecho, mereces más. Te ayudaré a superar el miedo al rechazo que evita que pidas lo que quieres, necesitas y mereces.

Tal vez sólo no sabes cómo pedirlo. O quizá ni siquiera se te ocurrió que deberías o lo podrías pedir.

Para cuando termines de leer *Todos los trabajos... ¡son de ventas!* lo podrás. Sabrás usar estrategias comprobadas de ventas para llegar a la cima durante todas las interacciones (en realidad son transacciones) que cualquier trabajador de cualquier compañía hace a lo largo del día. *Todos los trabajos... ¡son de ventas!* presentará la fórmula para convertir el apretón de manos de "un placer hacer negocios contigo" en una petición para hacer futuros negocios... de una forma justa tanto para el que da como para el que recibe. Eso es cómodo hasta para los tímidos o con poca confianza.

Y te pondrá en marcha para hacerlo sin recurrir a las aburridas y prepotentes tácticas que con frecuencia se asocian a los vendedores de carros usados o de tiempos compartidos. Pero la verdad, incluso esos vendedores se alejan de estas tácticas.

Esto me trae a la mente los letreros que antes veía en cada restaurante, gasolinería y tienda que decían: "Vuelva pronto". Deberíamos hacer eso cada vez que nos reunamos con gente: invitarla a volver.

No asumas que tu excelente servicio habla por sí mismo o que tu cliente o consumidor volverá por más de manera automática. En vez de eso, ve y pide lo que quieres.

PRIMERA PARTE

No esperaba esto

1

Entonces ¿no estás en ventas?

Hace algunos años vivía en Washington, D. C. El primer día que superamos los 26 grados llegamos a 35. Tuvimos un invierno largo y una primavera bastante fría, así que para mediados de junio no había encendido el aire acondicionado en la casa dúplex donde vivía con mi esposo.

Cuando activé el termostato para prender el aire por primera vez en ese día caluroso, no pasó nada.

Después de unas horas la casa era un horno y pedí ayuda. El técnico que vino fue amigable y cortés. Cubrió sus polvosas botas de trabajo con lo que mi abuela llamaba *piecines* (equivalente a una gorra de baño, pero para pies) para no ensuciar mi alfombra limpia. Platicó conmigo de forma educada y escuchó con atención mientras le describía el problema que tenía con el aire acondicionado. Revisó el termostato, preguntó dónde podía encontrar el condensador exterior y se metió en el ático para revisar los ductos. Me explicó el problema, me dio dos opciones con sus respectivos precios y preguntó si tenía alguna duda.

Soy muy platicadora, así que en el camino le conté que éste no iba a ser mi año con los electrodomésticos, pues mi calefacción de gas también había tenido algunas fallas, pero por suerte nunca se apagó.

Acordamos que remplazaría el motor del aire acondicionado la siguiente semana. Entonces me hizo una pregunta inesperada: "¿Podría ver su calefacción de gas?"

Lo llevé y le enseñé la mancha de agua en el piso.

La revisó de forma minuciosa, me dijo cuál era el problema y cómo podría resolverse. Acordamos que también haría esa reparación la siguiente semana.

Se fue de mi casa con dos trabajos pendientes. ¿Por qué? Porque vio una oportunidad de vender otra reparación, aunque el trabajo consistía sólo en arreglar mi aire acondicionado.

El técnico, Benjamín, no es un vendedor. Es un experto en aire acondicionado, ventilación y calefacción. No recibe una comisión por sumar el trabajo de la calefacción. No es el responsable de llevar nuevos negocios a la empresa. Nadie le dijo que debía ver la calefacción. Era verano y estaba ahí para resolver el problema con el aire acondicionado, punto.

Sin embargo, vendió.

Tal vez Benjamín ni siquiera lo llamaría una venta. Lo llamaría ser cortés. O tal vez una oportunidad de ayudar a un cliente o hacer un buen trabajo. Es un chico amable que me escuchó decir que tenía un problema y sabía cómo resolverlo. Así que se ofreció y yo acepté.

Llámalo como quieras, pero yo le diré una *venta*.

La empresa gana. Benjamín gana. Yo gano.

Que tu trabajo no incluya la palabra *ventas* en el nombre no significa que no debas vender.

Mi consejo: debes hacerlo y tan seguido como sea posible.

Es el trabajo de todos. Sin las ventas ninguno de nosotros tendría trabajo.

¿Quién debe vender?

Todo aquel que se relaciona con otras personas como parte de su rutina está en la posición perfecta de venderles productos y servicios adicionales. Pueden ser consumidores o clientes, visitantes de las oficinas centrales, tus vecinos o los amigos con los que hablas después de trabajar.

Casi puedo oírte decir: "Pero vender no es mi trabajo".

¿No lo es?

Si eres presidente de tu negocio o miembro del equipo de limpieza, si tienes contacto con las personas (el público, tus colegas o quien sea, en realidad) durante tu jornada laboral, tienes una oportunidad de vender.

Si estás bien vestido, eres agradable, bueno con las pláticas breves y te interesa lo que las personas tienen que decir, puedes vender. Si eres callado, pero bueno escuchando, incluso si eres tímido, puedes vender.

Si tienes una habilidad que resuelve los problemas de otros, puedes vender.

De hecho, ya lo haces. Una persona es más propensa a usar tu empresa la próxima vez que necesite un producto o servicio similar a los que ofreces cuando dejas una buena impresión. Es una venta potencial.

Antes de que Benjamín se fuera de mi casa supe que llamaría a su compañía de nuevo cuando necesitara otro servicio de aire acondicionado y calefacción. De hecho, supe que él sería *mi técnico* cada vez. Así lo pediría.

Hizo una venta que ni él ni yo esperábamos cuando cruzó mi puerta principal. También ganó una cliente de por vida. Dejó tan buena impresión que les conté a todos mis vecinos sobre él y algunos llamaron a su empresa.

Eso agregará muchos servicios con los años.

Es probable que también hayas hecho este tipo de ventas inesperadas (o las hubieras hecho si hubieras puesto más atención a lo que tu cliente decía).

Por ejemplo, cada vez que te encuentras con una mamá en el juego de pelota de tu hijo y te pregunta dónde trabajas, se vuelve más propensa a llamarte si necesita algo de lo que tu empresa ofrece (si hablaste de tu trabajo de manera positiva). Es una venta potencial.

Claro que lo contrario también es cierto. Si despotricas durante horas, puedes dar a las personas una mala impresión de tu lugar de trabajo. Eso es lo opuesto a una venta.

Así que, cuando almuerces con un viejo amigo de la escuela, habla con entusiasmo del proyecto en el que trabajas o de la oportunidad que tu jefe acaba de ofrecerte. De esa manera siembras la idea de que tu jefe es bueno. Tal vez tu amigo te recomiende o a tu empresa, algún día, o aplique para un puesto en ella.

Eso es una venta.

Cada que trabajas con una clienta o una consumidora y notas que no está muy contenta con la empresa que utiliza para un servicio que tu firma ofrece, también tienes la oportunidad de traerte ese negocio. Hazlo y habrás logrado una venta.

TIP PROFESIONAL

En el lenguaje de las ventas eso se llama *calificar* a un cliente. El simple acto de introducir a estos clientes calificados a las ventas reales en tu empresa es tan bueno como traer dinero al negocio.

¿Qué tipo de habilidades usas cuando quieres convencer a la junta directiva de aprobar un nuevo programa educativo para los accionistas? ¿O para impresionar a un cliente y que seleccione tu idea creativa para una campaña publicitaria en lugar de la de los demás? ¿U obtener la aceptación de tu personal cuando decides agregar los turnos sabatinos a sus horarios tradicionales de lunes a viernes?

Habilidades de ventas.

Ninguna de esas tareas es un complemento, ni algo que encargarías a un profesional en lugar de hacerlo tú. Sin embargo, usas tus habilidades de vendedor experimentado cada vez que realizas un lanzamiento, una solicitud o un cambio que involucra a otras personas. Vendes, vendes, vendes todo el día. Pero no le llamas así. Le dices: "hacer tu trabajo".

Cambia tu manera de pensar

Ahora que entiendes que tienes el potencial de vender de formas inesperadas, es momento de cambiar tu forma de pensar para identificar más fácilmente las futuras oportunidades de venta.

El día de hoy, piensa en lo que vendiste en el trabajo y a quién. ¿Lograste que cubrieran tu teléfono por ti para tener media hora extra de comida e ir a tu cita de terapia física? ¿Convenciste a un cliente de esperar un poco más de lo normal en línea para descubrir cómo solucionar su inusual petición? ¿Le pediste a tu compañero de trabajo (que se sienta en el cubículo de al lado) que le bajara al volumen de su música? ¿Cobraste el pago vencido de un cliente que llevaba seis meses sin pagar?

¿Cómo lo hiciste?

Usaste las habilidades de un profesional en ventas. Les vendiste.

Ni siquiera lo notaste, pero lo hiciste.

Martín, un cliente mío, fue agente de seguros por muchos años antes de que su jefe lo promoviera a gerente de ventas. Me buscó porque mi trabajo consiste en ayudar a personas que no son vendedoras a sobresalir en esta área.

—No soy un vendedor —decía Martín. Incluso después de volverse gerente de ventas, insistía que estaba en gerencias, no en ventas.

Esperaba convencerlo de aceptar a su profesional en ventas interior.

—¿Por qué crees que tu jefe te promovió? —le pregunté.

—Llevo en la empresa mucho tiempo —contestó.

—Nop, es porque se lo vendiste. Le vendiste tu habilidad de dirigir una fuerza de ventas, aunque no tienes entrenamiento profesional en esto —le dije—. Puedes decirme todo el día que no eres un vendedor. Pero pasaste de gerente medio a gerente de contratación a gerente de ventas. Llegaste hasta ahí por venderte a tus superiores.

Me llevó algo de tiempo, pero al final convencí a Martín de que vendía todos los días desde que se unió a la empresa hacía casi 10 años. Sólo que no se había dado cuenta.

Imagínate si lo hubiera hecho. Si hubiera vendido a propósito en lugar de hacerlo sin notarlo. Imagina qué tan exitoso sería.

La pasión de Martín es ayudar a las personas. Ahora que sabe sobresalir como vendedor, puede ayudar a muchas más.

Acepta a tu vendedor interno. Comprende que tu trabajo es ventas, incluso si esa palabra no aparece en tu tarjeta de presentación. Considera toda interacción una transacción y cada transacción una venta.

En los siguientes capítulos te enseñaré cómo hacer esto sin recurrir a las tácticas *desagradables* de los representantes de ventas sin escrúpulos. Te recordaré que ya lo haces todos los días.

2

Sabes más de lo que crees

¿Alguna vez has convencido

- a un niño de seis años de comer un brócoli (o cualquier cosa verde)?
- a un vecino de alimentar a tu gato mientras sales de vacaciones?
- a un compañero de trabajo de cambiar turno para que tengas el día libre?
- a un profesor de recibir un trabajo atrasado?

¿Alguna vez has obtenido

- el trabajo para el que aplicaste después de una buena entrevista?
- el aumento que solicitaste?
- una segunda oportunidad con un cliente o colega tras arruinar la primera?
- la referencia de un cliente o colega en otra empresa?

¡Buen trabajo! En todas estas situaciones realizaste una venta.

La verdad, cualquier transacción que resulte en un "sí" o "no" requerirá que vendas algo: a ti, tu idea, un concepto, tus méritos, tu valor, tus capacidades, tu empresa.

Y lo has hecho miles de veces, docenas de ocasiones al día, dentro y fuera del trabajo. Eres bueno en eso. Sólo que no te das cuenta.

¿Recuerdas el ejemplo que mencioné en la introducción, cuando convencí a una empresa consultora de ventas especializada en seguros de contratarme, incluso cuando yo no sabía nada de ventas, consultoría o seguros? Igual que yo, debes venderte en el trabajo, en los nuevos negocios, premiaciones, incrementos, elogios, descuentos y cientos de oportunidades.

Así que no me digas que no sabes vender. Lo haces todo el tiempo.

Después de leer el capítulo anterior, tal vez empieces a aceptar a tu vendedor interno. Quiero asegurarte algo: ¡tienes lo necesario!

Pero ahora que ponemos una etiqueta a lo que hiciste todo este tiempo (y lo llamamos *ventas*), ¡no entres en pánico!

Ya tienes las habilidades de comunicación necesarias para ser un vendedor informal cuando se presentan situaciones en el lugar de trabajo que requieren su uso.

Pero hay algo gracioso: entre más consciente eres del poder de las ventas, tal vez te vuelvas más renuente a vender.

Tengo una buena amiga, Juliana, profesora de redacción. Cuenta la historia de una alumna ya adulta que "no escribía ni lo más básico".

Son sus palabras, no mías.

La chica escribía oraciones burdas llenas de errores gramaticales. Ponía las palabras en tal desorden que a veces sus oraciones no tenían sentido. Su redacción la hacía parecer sin educación, al punto en que Juliana se preguntó cómo había pasado el examen de admisión en la universidad o aprobado sus cursos de inglés en la preparatoria.

Resulta que Juliana no tenía ni la mitad de la frustración que sentía la alumna.

La estudiante de primer año le pidió una sesión privada para hablar de su desempeño en clase. Juliana estaba preparada para ofrecerle tutorías, materias de composición y trabajo adicional para darle una mayor oportunidad de practicar y mejorar.

Pero no estaba preparada para lo que sucedió. La alumna habló con una gramática perfecta, excelente estructura de oraciones, vocabulario claro y puntos razonados. Juliana no podía creer que era la misma escritora atorada en sus errores. Le dijo que, si escribía igual que como hablaba, sacaría 10 en todas las materias y le preguntó: "¿Por qué no lo haces?"

Al parecer la alumna sabía cómo expresarse de manera intuitiva, pero cuando debía aprender cómo se llamaban las partes del discurso, que la oración tenía la estructura *sujeto-verbo-predicado*, que necesitaba apegarse a un cierto número de palabras, que no podía incluir ciertos detalles en el primer párrafo, etcétera, etcétera, pensaba que no sabía escribir.

Como quería apegarse a las reglas sin romper ninguna, lanzó su intuición por la ventana. Las reglas y etiquetas la paralizaban al punto de no poder escribir una oración coherente. Temía tanto hacer las cosas mal que apenas podía hacerlas.

Lo mismo pasa cuando se trata de saber cómo vender.

De hecho, la mayoría de nosotros sabe de manera intuitiva cómo obtener lo que quiere (o al menos cómo intentarlo) desde muy temprana edad. Los niños *trabajan* con sus papás todo el tiempo para obtener juguetes, teléfonos, ropa y viajes geniales. De manera descarada piden lo que quieren. Descubren cómo adular a la gente y cómo convencer a mamá y papá.

Hace algún tiempo tú también sabías cómo hacer todo esto, pero en algún punto del camino alguien te dijo que dejaras de hacerlo. Que *no puedes* ser tan atrevido para pedir lo que quieres o *no debes* imponerte a alguien al sugerir un favor. O sólo te dijo "no". Así que te volviste tímido, penoso o cuidadoso y dejaste de pedir. Por esa época es probable que también empezaras a conformarte con lo que te ofrecían en lugar de pedir lo que merecías, con una cosa en lugar de todo.

Ahora te rehúsas a pedir un aumento. Eres demasiado modesto para solicitar esa promoción. Te da miedo que el cliente diga "no" si le pides más negocios, así que mejor no lo haces y ya. Has tratado con demasiados profesionales en ventas como para saber que no quieres que alguien se sienta tan incómodo como cuando compras un auto o te enfrentas a alguno de esos trabajadores de los quioscos en las plazas comerciales. Así que ahora no te atreves a preguntar. Pero si no lo haces lo más probable es que no lo obtengas.

Pero ¿no quieres obtener lo que deseas? ¿Lo que mereces? ¿Lo que sabes que te hará feliz, exitoso u orgulloso de ti?

Deberías. Y las buenas noticias: ese niño sigue adentro de ti en algún lugar. Espero poder ayudarte a recuperar el atrevimiento que te ayudaba a vender de manera tan fácil antes de que la gente empezara a decirte que no lo hicieras.

De hecho, los no vendedores que no se dan cuenta de que están vendiendo… a menudo lo hacen bastante bien. Pero una vez que son conscientes de ello entran en pánico. La idea de vender asusta a mucha gente.

Enfréntalo: a menos que tengas una maestría en mercadotecnia o asistas a un montón de seminarios de ventas como parte de tu entrenamiento laboral, tal vez nunca aprendas cómo vender.

Eso no significa que no sepas hacerlo. Lo sabes. Pero no de acuerdo con una fórmula, con las mejores prácticas o con un proceso específico… aún.

Es como cuando alguien canta muy bien pero nunca ha tomado clases de música. De todos modos sabe cómo usar su voz. Sólo porque no lo llamen cantante no significa que no pueda cantar como un ángel.

¿Tener estos conocimientos te hace comportarte de manera diferente? ¿Te da miedo tratar de vender (como lo has hecho de manera intuitiva todo este tiempo) porque tal vez ahora lo hagas mal? ¿O porque quizá escuches un "no"? ¿O por ofender a alguien?

Está bien, respira profundo. Seguirás haciendo lo mismo, sólo que en mayor cantidad, a propósito y con intención.

Canaliza a tu niño interno, ese atrevido vendedor nato. El que no tenía miedo de pedir lo que quería.

Usar las habilidades de los profesionales en ventas para obtener lo que quieres, necesitas y mereces todos los días (dentro y fuera del trabajo) aumenta tus probabilidades de éxito. He aquí unas tácticas de ventas que tal vez has usado en el trabajo sin darte cuenta. ¿Alguna vez has

- dado tan buena impresión que esa persona te recomendó (o a tu empresa) a un compañero o amigo?
- notado lo bien que trabajas con un colega que labora fuera

de tu empresa y le pediste hacer negocios de nuevo?
- dado tu tarjeta de presentación a alguien que pensaste que podía necesitar algo de lo que tu negocio ofrece y lo invitaste a llamar para obtener más información?
- invitado a un nuevo conocido a almorzar o a tomar un café con la esperanza de colaborar juntos en un proyecto?
- dado un argumento de por qué mereces el aumento o la promoción, basado en cómo tus éxitos pueden beneficiar a la empresa?
- pedido a alguien que haga negocios contigo o tu firma?
- solicitado que alguien dé referencias de ti o de tu negocio a sus amigos y conocidos?
- publicado en redes sociales sobre tu currículo profesional, un proyecto, un artículo que escribiste o un momento de orgullo para ti o tu empresa?
- ido más allá en una reunión o solicitud e hiciste algo extra porque notaste que el cliente o consumidor necesitaba más de ti de lo que te asignaron en un origen?
- mantenido el contacto con un cliente aun cuando los negocios entre ambos ya terminaron?

Al hacer un buen trabajo ya vendes. Ahora que lo identificas, empieza a vender a propósito.

TIP PROFESIONAL

Si eres gerente, usa este proceso para crear una cultura laboral que incentive a los empleados que no están en ventas a traer nuevos negocios y reconócelos cuando lo hagan.

3

Oye, por cierto

Si alguna vez compraste una casa o un departamento, tal vez notaste que tu agente de bienes raíces no era el único que vendía en la mesa de negociación.

Cuando es momento de firmar en la línea punteada, te sientas con un montón de gente en una gran mesa de conferencias: un agente de bienes raíces, un abogado, un agente de titulación y tal vez hasta un representante de tu banco. Es probable que los vendedores de la casa también estén ahí. Quizás el agente de bienes raíces conoce a todos, pero es muy probable que el resto de ustedes se vean cara a cara por primera vez.

Digamos que el acuerdo sale bien. Todos firman muchos papeles; no hay sorpresas o retrasos. La reunión termina con apretones de manos entre todos, incluso un par de abrazos y una *selfie* para las redes sociales. Todos se van felices.

Pero se saltaron un paso. Todos en la reunión dejaron un trato importante e inconcluso en la mesa. Perdieron una oportunidad obvia para acordar futuros negocios con los otros.

¿Por qué no preguntar a los demás si quieren trabajar juntos en la siguiente venta? ¿Por qué no pedir referencias para futuros clientes? ¿Por qué no preguntar a compradores y vendedores si están dispuestos a recomendar a las personas de la mesa con sus amigos y a mantenerlos en mente cuando estén listos para comprar o vender de nuevo? ¿Por qué no agendar una reunión con uno o todos estos nuevos colegas para platicar un poco más de trabajo?

Todos los acuerdos necesitan la combinación de un abogado, un agente del banco, un experto en titulación y un agente inmobiliario. ¿Por qué no usar esta oportunidad de oro para aterrizar más negocios con cada una de sus empresas?

He aquí por qué no: tal vez no se le ocurrió a ninguno, excepto, quizás, al agente de bienes raíces. Es un vendedor profesional y los demás no.

¿O sí?

Sí, lo son. Todos en esa mesa tienen un trabajo de ventas. Todos los trabajos son de ventas, sin importar el título o empleo que tengamos.

Estas transacciones que no haces *formalmente*, sino porque se presenta la oportunidad, las llamo: *Oye, por cierto*.

Mi técnico de aire acondicionado, Benjamín, es un maestro de las ventas *Oye, por cierto*. Como ya lo describí, escucha con atención a los propietarios de las casas y aprovecha cuando mencionan (por lo general, de manera improvisada) otro problema que no estaba dentro de su asignación laboral del día. Ofrece ayuda y una solución que su empresa facturará al cliente.

Antes de salir de una casa, pregunta: "¿Hay algo más que pueda hacer por usted antes de irme?"

El otro lado de la moneda: Ángelo es uno de los contratistas profesionales más talentoso que he conocido. Lo malo: es lo opuesto de Benjamín. Todo el tiempo deja oportunidades de venta en la mesa, junto al dinero que pudo ganar para su empresa. Igual que la mesera en el restaurante que responde "Ésta no es mi mesa" cuando le pides un tenedor limpio, Ángelo se rehúsa a agregar nuevas tareas al contrato existente si no se acordaron antes de empezar el trabajo.

Por ejemplo, construía un patio para una pareja que conozco y les encantó su trabajo. Mientras cavaba hoyos, colocaba adoquines y hacía un muro de contención en el patio trasero, la esposa le preguntó si estaría dispuesto a remplazar el barandal oxidado de la terraza trasera antes de terminar. Ángelo respondió: "No". Porque eso no era parte del acuerdo. Se quejó de que los clientes siempre trataban de agregarle trabajos. Le dio a entender que quería sacarle una reparación gratis, pero no era así. Ella sabía que tendría que pagar más por la mano de obra y materiales y estaba dispuesta a hacerlo.

Creo que Benjamín le hubiera dicho: "Claro, serán $200 más" (o el precio que fuera). Habría hecho esa venta. Y muchas otras. En cambio, Ángelo se alejó de ese dinero y dejó una mala impresión en la esposa, que estaba en posición de recomendarlo con sus vecinos.

Pero nunca lo hizo porque dijo "No".

La clave para cualquier venta, como aprenderás en la segunda parte, es escuchar. La clave para escuchar bien es poner atención a los problemas y requerimientos de los clientes sin hacer suposiciones. Un buen vendedor informal (incluso un profesional) responde a esas necesidades con soluciones potenciales e información, por ejemplo, cuánto costará la reparación.

¿Por qué dejar $200 en la mesa, en especial si ni siquiera esperabas ganártelos? No todas las ventas son resultado de una solicitud planeada y formal. En especial para los vendedores no profesionales, algunas ventas parece que salen de la nada, como si te cayeran del cielo.

Cuando se presenta una oportunidad así puedes sujetarla con ambas manos y aprovecharla, o dejarla ir y marcharte sin nada. Supongo que, como la mayoría de la gente, eres bastante listo para darte cuenta de que si actúas de acuerdo con estas oportunidades inesperadas te ayudarás (y a tu empresa) a tener éxito.

A tu jefe le gustará si eres (o te puedes volver) una de esas personas.

Las oportunidades de vender aparecen en cualquier momento: durante una conversación casual, después de conocer a alguien o mientras trabajas en un proyecto sin pensar todavía en el siguiente. Por lo general, las oportunidades salen de la nada y suceden de manera natural. Entrena para escuchar, hacer preguntas enfocadas y tener respuestas rápidas con soluciones potenciales e información.

Esto hizo la dermatóloga que atendía a mi amiga Ángela. Durante su cita, Ángela le preguntó si había alguna manera de deshacerse del grupo de manchitas de sol que le salieron en un lado de la cara. La doctora le habló de la crioterapia (un proceso dermatológico que congela puntos específicos de la piel) y le ofreció realizarlo en ese momento. Ángela, nerviosa, identificó una docena de puntos en su cuerpo que quería remover y la dermatóloga aceptó muy contenta.

El seguro no cubría este procedimiento, pero Ángela lo pagó feliz. Un año antes consultó a otro dermatólogo por este problema y sólo le contestó: "No ofrezco tratamientos para manchas de sol".

La dermatóloga actual de Ángela hizo una venta *Oye, por cierto* a una paciente que la recomendará con sus amigas.

Sofía, otra conocida mía, trabaja en relaciones públicas y le asignaron escribir un folleto y grabar un video promocional para un nuevo spa de mascotas. Los dueños, una pareja joven, tienen muchas solicitudes de información y entrevistas en los medios desde que abrieron la tienda, la primera en su ciudad.

La pareja decidió que la esposa sería la vocera y hablaría con los reporteros que quisieran entrevistas. Pero durante la grabación del video Sofía se dio cuenta de que la mujer era demasiado tímida ante las cámaras.

"Oye, por cierto —ofreció Sofía—, puedo enseñarte cómo superar eso. Darte una capacitación de cómo verte y actuar ante las cámaras, y qué decir a los reporteros."

La tarea de Sofía era llegar, terminar y pasar al siguiente trabajo. Era un trato de una sola vez. Pero ofreció un servicio extra, el cual, desde luego, venía con un cargo adicional para la empresa de Sofía y la mujer accedió.

En lugar de ser un solo trabajo, el spa para mascotas se volvió un cliente recurrente de la empresa de relaciones públicas.

Antes de esa reunión, Sofía pensaba que era escritora y fotógrafa. Después demostró ¡que también era vendedora y asesora!

Como todos debemos y podemos hacer, Sofía vende cuando aparece la oportunidad. Lo hace sin pensar: "Oye, puedo vender aquí". De hecho, no consideró que ganaría dinero para su empresa cuando ofreció ayudar a la clienta, sólo vio que la mujer tenía un problema evidente y que podía apoyarla para resolverlo. Al hacerlo realizó lo que los profesionales en ventas llaman *ventas consultivas*.

Por lo general, las ventas *Oye, por cierto* son una reacción simple ante las circunstancias. La dermatóloga no sabía que Ángela le preguntaría sobre manchas de sol durante su cita. Sofía nunca sospechó que la mujer del spa para mascotas necesitaría asesoría con los medios. Pero cuando les llamó la atención, respondieron. Escucharon y ofrecieron una respuesta potencial. Lograron una venta.

TIP PROFESIONAL

Las ventas consultivas son una manera de vender que descubre las necesidades de las personas. Se trata de ayudar a otros al ofrecer soluciones a sus necesidades.

De hecho, vender no siempre involucra dinero o mercancías.

¿Qué tienes (o tu negocio) que casi seguro resolvería el problema de alguien más?

Practica para reconocer las oportunidades cuando se presenten solas. Date cuenta de que suceden todos los días. Siéntete cómodo de pedir lo que quieres en el camino.

En resumen, prográmate para pedir lo que quieres o preguntar lo que puedes ofrecer siempre que surja la oportunidad. Búscala de manera consciente y nunca la volverás a pasar por alto.

También puedes crear oportunidades para ventas *Oye, por cierto*. De hecho, puedes planear cómo cerrar ventas *accidentales* al ponerte en situaciones donde surjan las oportunidades.

Por ejemplo:

- **Si tu trabajo es dar conferencias, ofrece responder las dudas del público de manera personal después de tu presentación.** Es común que a los expertos que dan discursos los inviten a presentarse en otro lado, como consultores de proyectos o a escribir un artículo.
- **Acepta las solicitudes de las redes sociales.** Socializar con tus colegas puede ayudarte a conocer sus necesidades. Ofrece soluciones a sus problemas y verás que tal vez también estén dispuestos a ayudarte con lo que necesitas. Relacionarte con profesionales que trabajan en tu mismo campo, pero en otras organizaciones, te da la oportunidad de ofrecer los servicios de tu empresa a nuevos clientes potenciales.

- **Sé voluntario en tu comunidad.** No sólo es la mejor manera de dar, también es una forma natural de presentarte (tus servicios y tu empresa) a las personas a través de pláticas casuales.
- **Habla de trabajo cuando te sientes con otros padres de familia en los juegos de pelota y presentaciones escolares de tus hijos.** Nunca sabes cuándo alguien te pedirá un consejo profesional sobre algo (y termine presentándote a alguien).
- **Di a las personas qué haces en el trabajo.** No importa quién sea, amigos, conocidos, el que está detrás de ti en Starbucks, diles. Tú o tu negocio tal vez tengan justo lo que alguien buscaba, pero no sabía dónde encontrar.
- **Antes de terminar cualquier conversación de trabajo, pregunta si la otra persona estaría dispuesta a recomendarte o a tu empresa a sus colegas y amigos.** La mayoría de las personas están dispuestas a hacerlo, pero no se les ocurre hasta que les preguntas.
- **Cuando termines un trabajo, pregunta por el siguiente.** Puedes decir: "Oye, por cierto, tengo algo de tiempo libre el próximo mes. ¿Necesitarías más ayuda para entonces?"
- **Pide a los demás que te pasen sus contactos.** Mi vecina me recomendó a una excelente auxiliar doméstica que encontró por una amiga. La primera vez que trabajó con ella le preguntó: "¿No tiene algún vecino que tal vez necesite un servicio de limpieza?" Mi amiga le dijo que sí y la señora le pidió los nombres y correos para contactarlos.
- **Haz una lista de lo que necesitas.** Ya sea conocer al CEO de la empresa en la que quieres trabajar, el correo electrónico de un autor con el que quieres platicar de tus empleados o la copia de un reporte que no se lanzará hasta la siguiente semana, ten una lista de lo que quieres. Nunca sabes cuándo será útil.

Si sabes qué quieres y lo tienes en mente, es más probable que lo pidas cuando se te presente un momento *Oye, por cierto.*

SEGUNDA PARTE

Los cinco pasos para vender de la doctora Cindy

4

Paso uno
Planear

La primera parte y la más crítica de mi proceso de cinco pasos para vender de manera informal es planear.

Responderé tu pregunta antes de que la hagas: ¿por qué gastar tiempo haciendo un plan que no te pagarán, no esperan que lo hagas y no te entrenaron para ello? Tal vez ni siquiera lo quieres hacer.

Porque todos los trabajos son de ventas, incluso el tuyo.

Vendes todos los días, aunque no lo llames así. Negocias, convences, hablas con la gente, pides favores, tienes ideas. Es tan natural y común que lo haces sin darte cuenta. A veces incluso por accidente. Sólo sucede. Y sin planearlo, eres muy bueno en eso.

Imagina cuánto mejorarías si tuvieras un plan.

¿Cuánto venderías si lo planearas?

¿Cuántas oportunidades agregarías a tu camino si planearas mantener los ojos y oídos abiertos a las opciones que impulsen tu reputación o la de tu empresa? ¿Qué tan mejor preparado estarías si planificaras bien cómo pedir el trabajo, el aumento o el proyecto para saber de manera exacta qué decir si se presenta la oportunidad?

Serás más exitoso en el trabajo si planeas con anticipación, sólo por si tienes la oportunidad de pedir algo que en serio quieres. Incluso si tu rutina implica cerrar un trato sobre oportunidades casuales e improvisadas, en realidad no hay nada improvisado sobre el éxito en las ventas.

Si ya eres súper exitoso en el trabajo, con un plan lo serás aún más.

Todos planeamos para estar organizados. Hacemos listas de pendientes y reservaciones; tenemos calendarios; agendamos reuniones y viajes; tomamos notas en el almuerzo... Descubrimos cómo encontrar el tiempo para hacer todo nuestro trabajo todos los días.

Nada de eso sucede por accidente. Incluso si no escribes un plan formal cada día o semana, mantienes un horario y una lista de pendientes en tu cabeza. De lo contrario es probable que no termines muchas cosas en el día.

En mi experiencia, planear es la clave del éxito. Es la clave para hacer las cosas. Para empezar, terminar y sentirnos productivos. Y también es la clave para vender.

Si eres exitoso en tu trabajo es porque planeas. Haces los pasos necesarios para despertar en las mañanas (poner tu alarma), llegar al trabajo a tiempo (salir de casa a las 8:00 a. m.), teclear tu reporte (cerrar la puerta de la oficina), tener una comida saludable (la preparaste desde la noche anterior) y recoger a los niños de la guardería (cargar gasolina en el camino).

Las personas que casi siempre llegan tarde, no entregan a tiempo, olvidan sus juntas, saturan sus agendas o, por lo general, terminan su trabajo hasta la media noche, tienen problemas con la planificación.

Antes de que inicie el día y hasta que me voy a dormir, sé lo que hay que hacer todo el tiempo.

Las personas que planean tienden a dormir mejor. Rara vez despiertan a la mitad de la noche preocupadas porque olvidaron algo. O porque no van a entregar a tiempo. O porque no tienen idea de qué dirán al día siguiente en la presentación con el cliente. O porque tendrán problemas con un vendedor porque olvidaron enviar el pago.

Me esfuerzo por tener todo organizado, con horarios y por escrito. Sí, así soy.

Planear me ayuda a hacer más cosas; me mantiene en el camino; me permite terminar cada día sin dejar nada pendiente; me da la oportunidad de tener una gran vida familiar y social; me ayuda a ganar más dinero y a sentir como si controlara mi día en vez de que el día me controle.

Planear requiere tiempo, pero es una de las partes más importantes del éxito en las ventas.

Aunque soy asesora, vendo todos los días. Así que planifico. De hecho, mi tarjeta de presentación dice: "Primera dama de ventas".

Vendo cuando conozco a un nuevo cliente potencial y le explico cómo los servicios que ofrece mi empresa pueden resolver los problemas de la suya.

Vendo cuando capacito a los empleados de mis clientes sobre estrategias de ventas más exitosas. Debo convencerlos no sólo de aceptar mi proceso de cinco pasos, sino de salir y probarlo en serio.

Vendo cuando llamo a un cliente y le recomiendo que me mantenga más horas esa semana para que pueda pasar un tiempo extra con uno de sus empleados que tiene problemas con su cuota de ventas.

Vendo cuando trabajo horas extras y le pido a mi asistente que se quede para ayudarme.

Sé que debo vender no sólo para mantener mi negocio a flote al traer a nuevos clientes, sino para dar seguimiento, cuidar y dar tiempo suficiente a cada uno.

¿Crees que dejo algo de todo eso a la suerte? ¿Al destino? ¿A ver si pasa?

Nop.

Como sé que soy una vendedora de mi empresa, me preparo todos los días para las ventas que haré. Y también para las que no sé que haré, las que aparecen de oportunidades inesperadas mientras hago otra cosa.

Vendería mucho menos si no tuviera mi plan y tú venderás mucho más una vez que hagas el tuyo.

Dividí el resto de este capítulo en tres secciones para ayudarte a asimilar tu rol como vendedor informal de tu negocio.

Primero, te compartiré la importancia de vender de manera que lo sientas autentico, ético y natural.

Segundo, te daré algunos consejos sobre el valor de planear, tanto para las ventas de hoy como para las metas a largo plazo.

Tercero, explicaré por qué es tan importante para los gerentes y dueños de negocios (sin importar la industria o profesión) crear una cultura de trabajo que incentive a todos los empleados a traer nuevos negocios y los recompense por hacerlo.

Ésta no es la única parte en el libro donde leerás sobre planeación. Es tan importante que la incorporé en cada paso y capítulo.

Si puedes hacer un plan, puedes vender. Empecemos con el plan.

Auténtico

A nadie le gusta que le vendan, pero a todos les gusta comprar. Siempre sucede. De hecho, a las personas que no son vendedores por elección, rara vez les gusta hacerlo.

La buena noticia es que vendedores y compradores trabajan bien cuando lo hacen juntos porque una venta casual puede ser una buena experiencia para ambos. No debes sentirte tonto por vender. Y tu comprador no debe sentir que lo usas o estafas. Ni siquiera deberías sentir que estás vendiendo.

De hecho, una venta es una simple transacción que ocurre durante una interacción entre dos personas. No difiere mucho de arreglar una cita para almorzar con un compañero: negocias la hora, el lugar y el restaurante. Decides si invitarás a otros, cuánto vas a gastar, quién pagará y cuánto tiempo pueden estar. Registras la fecha en tu calendario. Confirmas en la mañana. Se ponen de acuerdo dónde se verán y si caminarán o se irán en Uber al restaurante.

En resumen, intentas hacer una venta. Quieres ir mañana al medio día a un restaurante mexicano porque buscas lugares para la fiesta de jubilación de un empleado importante. Gastar en la comida suena razonable porque quieres encontrar el lugar ideal. Sólo tienes hora y media libre para almorzar y te gustaría caminar para tomar algo de aire fresco y ejercitarte un poco. Mandas un mensaje rápido a tu colega en la mañana y le sugieres que se encuentren en el lobby de la oficina.

La negociación resulta en un escenario similar a eso, pero con algunos acuerdos de tu amigo, pues sólo tiene una hora y no puede salir de la oficina hasta las 12:15 p. m.

Vendido.

Espera. ¿Vendido?

Sí. Eso es una venta. Ambos querían algo del otro. Tuvieron que dar y recibir un poco, pero ambos obtuvieron lo que querían.

Fue justo, flexible, casual y exitoso.

Lo haces todos los días.

Hazlo más seguido. Hazlo en nombre de tu empresa. Hazlo por ti.

Planéalo.

Así que ambos caminan al restaurante mexicano y te das cuenta de que el bar sería el lugar perfecto para la fiesta, si el propietario está dispuesto a cerrarlo por un par de horas un día entre semana a finales de mes.

Después de almorzar, tu colega y tú se acercan al gerente y le preguntan si es posible. Les dice que lo revisará con el dueño. Intercambian tarjetas de presentación.

Antes de que llame el dueño haces un plan. Revisas con contabilidad y averiguas que tu presupuesto para la fiesta es de $2 000, incluyendo el lugar y los bocadillos. Le preguntas al que se va a jubilar si le gusta la comida mexicana. Te aseguras de que tu horario sea claro.

El dueño te llama después. Dice que está dispuesto a cerrar el bar si le garantizas un consumo mínimo de $2 000 en bebidas durante esas dos horas. Le dices que es un poco caro para sólo coctelería y preguntas si podrían incluir la compra de entradas como papas, salsas y miniquesadillas.

Se ponen de acuerdo en el día y la hora. El dueño dice: "Sí". Tú dices: "Sí". Él gana un buen negocio para una tarde de jueves, que por lo general es lenta. Tú ganas un buen lugar para la recepción.

Vendido.

Eso no te intimida, ¿o sí? ¿Entonces por qué la idea de hacer otro tipo de ventas es tan aterradora?

No hay diferencia entre reservar un restaurante para una fiesta del trabajo y pedir a las personas que te recomienden con sus amigos y colegas. O decirle a un cliente que ya trabaja contigo que tu empresa tiene otro servicio que tal vez le ayude, y después preguntarle si quiere escuchar la información. O mencionarle a quien acabas de conocer en el Starbucks y dijo que le gustan los libros viejos que tu empresa hará una subasta de libros para la beneficencia.

Muchas personas creen que vender significa presionar a alguien a comprar algo que no quiere, no necesita o no puede pagar. Yo no hago eso y vendo todo el tiempo. Y tampoco quiero que tú lo hagas, nunca. Jamás.

Para mí, vender significa ofrecer algo que crees que pueda ser de interés, valor o uso para alguien más. Es una petición educada para que alguien compre o intercambie algo a cambio de algo tan simple como un "gracias", un sentimiento positivo o un favor.

Vendo en mis términos. Nunca presiono, comprometo, engaño, ridiculizo, miento ni obligo. Ésa no soy yo. No es mi estilo y va en contra de lo que considero ético y justo.

En lugar de eso, observo y escucho para aprender si la otra persona necesita o quiere algo que puedo ofrecer. Digo lo que sé sobre el producto o servicio. Si hago una petición, como solicitar una recomendación, explico por qué creo que la merezco y que le agradeceré al hacer un buen trabajo a sus amigos y colegas si me contratan.

Pido lo que quiero de forma directa.

Pero antes de eso planeo la transacción.

Estudio mis pasos: paso uno (obvio), planear. Paso dos, buscar oportunidades. Paso tres, generar confianza al escuchar con atención y dimensionar la situación. Paso cuatro, pedir lo que quiero. Paso cinco, dar seguimiento.

Los estudio para no olvidarlos. En el momento es fácil ponerte nervioso si las cosas no salen como esperabas.

Con un plan, puedes mantenerte en la línea sin importar lo que pasa. Es fácil que se te trabe la lengua cuando aparece una oportunidad inesperada. Con un plan, habrás pensado mucho en lo que dirás cuando eso suceda.

Es fácil que te dé miedo cuando pides una venta, un favor, una referencia o una promoción. Con un plan habrás repasado este momento una docena de veces.

Es fácil sentirse mortificado si la respuesta es "no" cuando quieres y esperas un "sí". Con un plan, estarás preparado para ser amable y agradecido sin importar la respuesta.

Un plan puede llegar a quitarte el miedo y ayudarte a ser tú en cualquier transacción.

Siempre es un riesgo pedir algo a alguien y no estar seguro si la respuesta será "sí" o "no" porque te expones al rechazo. Un plan hace que la *pregunta* sea menos riesgosa. También ayuda a garantizar que seguirás siendo tú cuando hagas la venta.

Mi cliente Alliete es una representante de ventas de una gran empresa en Texas. Tiene una pasión auténtica por ayudar. Le gusta vender porque sabe que colabora con personas al reunirlas con productos y servicios que resuelven sus problemas y hacen sus trabajos más fáciles.

Pero se siente mal por vender. Tiene la idea que de los vendedores son ruines y deshonestos. Siente que la critican sus conocidos, incluso amigos y familia, que a cada rato le reclaman por estar en una profesión conocida por sus tácticas estresantes y el desprecio por el bienestar de los demás.

Debido a eso me dijo que siente que está *por debajo* de las personas a las que les vende. Siente que tiene que arrastrarse por sus negocios. No cree que merece el "sí" que está pidiendo. Así que hace cosas para endulzar cada trato, como ofrecer boletos gratis para un partido. Pero eso la hace sentir aún peor (como si sobornara a las personas para hacer negocios con ellas).

Le sugerí que tratara mis cinco pasos por un mes. La alenté a reconocer el valor que entrega a sus clientes y a darse cuenta de que merece ser exitosa en su trabajo. La animé para cambiar su mentalidad sobre los comerciantes. Le recordé que ya son pocos los vendedores que quedan bien con el cliché y le aseguré que no era una de ésos. La orienté a ser ella misma; a actuar como si estuviera platicando con las personas que ya conoce y por las que se preocupa; a venderles sólo lo que necesitaban y querían... Para dejar de tratar de comprar sus negocios con boletos de futbol.

El primer paso fue hacer un plan. Le pedí que identificara lo que en realidad quería hacer con su vida y su carrera. Dijo lo mismo de siempre, porque es genuino: "Quiero ayudar a las personas". Le pedí que considerara si las ventas eran una manera de hacerlo. Así que examinó los servicios que ofrecía y llegó a una conclusión: sí. Entonces la llevé a evaluar si la manera en que vendía era un reflejo de sus valores y personalidad. Esta vez la respuesta fue no.

Tenía que trabajar en un cambio. Dejaría de arrastrarse por negocios y de imitar a los vendedores que lo hacen. Cambiaría su enfoque para que encajara mejor con su personalidad. Empezaría a considerar las ventas como un servicio en lugar de un trabajo. Su transformación fue casi inmediata.

Alliete es bastante directa. De hecho, me dijo: "Ya no siento que tengo que prostituirme para conseguir los tratos. Ahora siento como si de verdad estuviera ayudando a las personas. Me veo como su igual". Se dio cuenta de que merece ser feliz y exitosa. Que ofrece un servicio útil que la gente necesita y quiere.

Y tiene un plan que revisa antes de cada venta. Éste incluye cómo se acercará a las personas, qué preguntas les hará, qué ofrecerá, cómo pedirá el negocio y cómo determinará si lo que vende en realidad ayudará a los que espera que le compren.

En resumen, Alliete no podía ser ella misma antes de sentarse y planear cómo hacerlo. Actuaba por mera intuición, ¿no? Pero un plan la ayudó a ser más auténtica con sus clientes y más exitosa.

Preguntas importantes

Tal vez pienses que no tienes tiempo para planear cada venta. Pero hacerlo te ayudará a estar concentrado, mantenerte en el camino correcto y tener tus objetivos en mente.

Planear te da la oportunidad de descubrir qué necesitas para ser exitoso, ya sea para toda la vida o sólo para el día en que pedirás a tu plomero que contrate a tu despacho contable para hacer sus balances.

Éstas son las cinco preguntas importantes que debes responder mientras haces tu plan:

1) **¿Qué quieres?**

No puedes hacer un plan si no sabes cuál es tu objetivo.

Es muy poco probable que obtengas lo que deseas si no sabes qué es. Planear te da la oportunidad de descubrirlo. Sé honesto contigo.

Conocer qué quieres te ayudará a determinar lo que debes hacer para conseguirlo e identificar a las personas que te pueden ayudar. También te llevará a definir los pasos necesarios para lograrlo.

Los planes pueden ser grandes o pequeños. Pero siempre empiezan por el final: ¿Cuál es tu objetivo? ¿Cuál es tu meta? ¿Dónde quieres estar? ¿A dónde quieres ir ahora?

Un buen plan te ayudará a trazar el curso de tu carrera. Digamos que eres un abogado y quieres ser socio de una firma en una corporación. Tu plan te ayudará a saber cuándo debes hacer cada *venta* para acercarte a la oficina principal. Será el proyecto para saber cuándo cambiar de trabajo, cuándo entrarle a la pelea, cómo abordar el tema con los que toman las decisiones en tu empresa y cuándo moverte a otra firma si en la que trabajas no hacen su parte para ayudarte a alcanzar tus metas.

Por otro lado, un plan pequeño, pero con tareas específicas, te preparará para la venta que quieres hacer justo ahora: pedir un trabajo o un aumento, encontrar a alguien que te cambie el turno, convencer a tu equipo laboral de ir a la oficina el fin de semana, motivar a tu personal para ser más eficiente.

Mi amiga Carla es directora de relaciones públicas en una empresa de desarrollo profesional que las compañías contratan cuando sus empleados necesitan aprender de tecnología relacionada con el trabajo. Parte de sus tareas es tener la cobertura mediática de los nuevos cursos de la empresa.

El director del departamento responsable de crear cursos con la tecnología más avanzada planeaba presentar una clase para agentes inmobiliarios, arquitectos, periodistas y otros profesionales que quisieran volverse pilotos de drones.

El director le dijo a Carla todo sobre los cursos. Estaba emocionado pues ninguna otra empresa de entrenamiento en el área tenía algo como esto. Quería presentarlo a los empleados de la compañía y clientes con bombo, platillo y una fiesta de lanzamiento, así que puso a Carla al corriente para que tuviera listo el material publicitario.

Ella también estaba emocionada por el programa. Le explicó todo a su equipo y solicitó su ayuda para preparar los comunicados de prensa, nuevos artículos y publicaciones en las redes sociales. Todo debía coincidir con la fiesta de lanzamiento.

Un par de semanas después, hicieron un bombardeo publicitario para crear emoción sobre la fiesta y el nuevo curso. Estaban orgullosos de sus esfuerzos. Pero el director estaba furioso. No quería que se publicara ningún material hasta después de la fiesta. Quería anunciarlo él mismo y sorprender a todos. Sintió que la publicidad previa le robó el protagonismo.

Carla estaba perpleja. Después de todo fue el mismo director quien le pidió hacer la campaña publicitaria. Pero nunca le dijo que la comenzara hasta después del evento. Supuso que llevar gente a una fiesta, por lo general, da mejores resultados si les dices antes de qué se trata,

En fin, se disculpó por el malentendido (y en serio eso fue), pero el director no aceptó la disculpa. La acusó de ser desleal y poco profesional (acusaciones que Carla consideró injustas) y empezó a hablar de ella a sus espaldas, diciendo que no era un buen elemento y que gestionaba mal las relaciones públicas de la empresa.

Carla quería que se detuviera, lo cual sería algo difícil de decir. Así que hizo un plan y resaltó cómo lo abordaría. El director no le contestaba el teléfono ni le respondía los correos electrónicos, así que decidió ir directo con su asistente y sacar una cita.

Reflexionó qué tipo de apoyo necesitaría o si requeriría de un mediador. Así que fue con su jefe, el vicepresidente de la empresa, y le dijo qué había pasado y qué esperaba lograr. Hizo su lista de puntos a tratar durante la reunión. De manera cuidadosa omitió todo lo que consideró que pondría al director a la defensiva. Quería explicar su punto de vista y pedirle que dejara de hablar mal de ella.

También hizo una lista de acusaciones y objeciones que tal vez él mencionaría y preparó las respuestas. Temía que, sin esa preparación, tal vez perdería la compostura o se pondría a la defensiva durante la reunión, lo que no quería que sucediera. Vio el horario del director en el calendario compartido de la empresa y escogió un momento en que no estuviera ocupado preparando un viaje o juntas importantes.

Hizo un plan B: iría a recursos humanos con una queja si la reunión no era exitosa. Pero eso no pasó. Al final los dos llegaron a un acuerdo. Las acciones de Carla fueron inteligentes. Hacer un plan, aun para una simple interacción o transacción, puede mejorar tus oportunidades de éxito de manera exponencial.

2) ¿Quién puede ayudarte?

Cuando intentas hacer una venta, la peor pérdida de tiempo es preguntarle a la persona incorrecta.

Identifica a la gente que tiene autoridad para tomar decisiones en la empresa. No tiene sentido perder mucho tiempo hablando con un empleado de ventas cuando tratas de hacer una devolución después de lo que permite la política de la tienda. En lugar de eso, pregunta por el gerente, quien puede tomar decisiones o aprobar un acuerdo, como un cambio o una tarjeta de regalo en lugar de un reembolso.

Una vez que hayas identificado a la autoridad que puede decir "sí" a tu petición, planea la mejor forma de acercártele. Si pides algo que tomará tiempo procesar, planea visitar a la persona en la mañana en lugar de durante el almuerzo, cuando tal vez esté en sus únicos 15 minutos de descanso del día y no quiere que la molesten. Si vas a una tienda o llamas a una empresa que trata con muchos clientes, evita las horas pico, cuando la persona que puede tomar las decisiones que necesitas tal vez esté súper ocupada y sin ganas de ayudarte.

3) ¿Sabes cómo obtener lo que quieres?

Tu plan puede incluir pasar algo de tiempo pidiendo consejos a los expertos o asistir a capacitaciones.

David es dueño de un negocio de diseño interior y emplea a un puñado de diseñadores y decoradores. Cada uno maneja su agenda y promociona sus servicios casi siempre por referencias de boca en boca.

Más o menos después de un año, David decidió mejorar la publicidad de la firma. Pidió a cada uno de sus empleados creativos que abrieran cuentas en redes sociales y las usaran para promover sus servicios y publicar las fotos de las casas y oficinas que transformaron. Semanas después, convocó a una reunión para revisar los avances y descubrió que nadie usaba las redes sociales para promoverse. La razón: no sabían cómo.

Si esperas que otras personas te ayuden a lograr tus objetivos o empiecen a vender para ti, es muy probable que necesites enseñarles cómo hacerlo. Y tal vez debas contratar a un experto o inscribirte en clases para adquirir las habilidades necesarias para lograr tu plan.

4) ¿Cuáles son tus debilidades?

Un plan te ayudará a idear la manera de superar tus debilidades para que no maten tus ventas.

Cuando mi amiga Thais se cansó de no llegar a ninguna parte con la gente de recursos humanos y su falta de urgencia para contratarle una asistente, hizo un plan.

Su asistente anterior se había ido seis meses por maternidad y decidió que durante otros tres no regresaría. El trabajo de la asistente se había acumulado tanto que Thais dormía sólo cuatro o cinco horas para poder llegar a la oficina a las 7:00 a. m. y liberar pendientes antes de iniciar sus citas en el día.

Hizo petición tras petición a RH para que anunciaran la vacante, reclutaran candidatos y le repusieran a su asistente. El personal de RH le dijo varias veces que era necesario llenar una fila de anuncios laborales y el suyo no era el primero de la lista. Por fin, exigió que la pusieran al principio.

¿La respuesta de RH? Las contrataciones no eran una prioridad por el momento. La empresa se volvería pública y tenían que actualizar todos los manuales de políticas antes de la oferta pública de venta.

Thais se toma las cosas de manera personal… y eso hizo cuando escuchó las palabras "no es una prioridad". Consideró que perder su asistente, sus horas de sueño y su vida social era suficiente para volverlo una prioridad. Sintió que la atacaban y derrotaban. Así que quería contraatacar a los de RH.

Pero se dio cuenta de que no iba a llegar a nada con eso. Respiró profundo y, mejor, hizo un plan. Decidió enfocarse en cómo se iba a *vender* a RH para salir del predicamento sin arruinar su reputación con todos ellos. Un ataque verbal no parecía buena idea. Hablar con el gerente de RH no llevaría a ningún lado, de hecho, perdería mucho poder si la transferían con él. Ella tenía la razón, así que también el poder. Era suyo y lo podía perder.

Cuando retrocedió y aceptó su lado racional y estratégico se dio cuenta de que el gerente de RH no tenía la autoridad para darle lo que necesitaba. Sus órdenes eran prepararse para la oferta pública. Remplazar a una asistente no lo ayudaría con eso. Entonces lo escaló con el vicepresidente de la empresa que estaba a cargo tanto del departamento de Thais como del de RH. Él aceptó reunirse con Thais.

Su plan le ayudó a descubrir cómo pedir lo que necesitaba. Si perdía la compostura durante la reunión sabía que no cerraría la *venta* que necesitaba con desesperación.

Hizo un plan de lo que diría y cómo reaccionaría si el vicepresidente rechazaba su petición. Determinó por adelantado qué aceptaría y a qué estaba dispuesta a comprometerse. Por ejemplo, en definitiva, necesitaba ayuda y no estaba en posición de esperar más. Incluso consideraría trabajar con un asistente temporal en lo que RH tenía tiempo de encontrarle uno permanente. Sólo necesitaba alguien que hiciera el trabajo.

Cuando Thais estaba lista para la batalla, se reunió con el vicepresidente. Fue amigable con él. Le explicó la situación sin ponerse emocional ni enojarse. Pidió de manera específica lo que necesitaba.

Y lo obtuvo: de hecho, el vicepresidente se disculpó porque no sabía que su asistente había decidido no regresar. Le ofreció un asistente de medio tiempo que trabajaría cuatro horas a la semana y acordó hablar con RH para conseguirle un remplazo de tiempo completo dentro de las primeras cuatro semanas después de la oferta pública.

Thais no dijo "sí" de inmediato, aunque sabía que ya había ganado. Parte de su plan era tomarse un día para revisar el trabajo atrasado, considerar si cuatro días a la semana lo cubrirían y pensar en la oferta del vicepresidente durante la noche, así lo hizo. Al día siguiente aceptó la oferta.

Su plan funcionó. Obtuvo la ayuda que necesitaba. Pero la llevó aún más lejos: la sacó de sus hábitos usuales de sentir y pensar (y quejarse) a hacer y actuar. Le dio confianza. Fue un bosquejo de la transacción.

5) ¿Cuánta confianza tienes?

Un plan aumentará tu confianza pues estarás bien preparado para la transacción.

Vender es como dar un discurso: necesitas organizar tus pensamientos, conocer el tema, ensayar la presentación y prepararte para responder cualquier pregunta del público. Es probable que tu audiencia también haya hecho su tarea. Así que necesitas estar ultrapreparado.

Me reí mucho cuando mi amiga Marta me contó su historia de cómo se postuló (cuando acababa de entrar a la preparatoria) para tesorera de la Asociación de Estudiantes. Competía contra tres chicas. Debían presentar sus propuestas al cuerpo estudiantil en una asamblea de casi 300 alumnos. Tenían dos semanas para prepararse.

Marta fue la primera. Se puso de pie para decir a la audiencia por qué estaba calificada para el trabajo. Pero no contó con quedar petrificada al momento en que el presentador le pasó el micrófono y le pidió que diera su discurso. Literal se quedó sin palabras porque no había preparado nada. De hecho, Marta no se dio el tiempo para ello. Ni siquiera consideró sentarse y hacer una lista de sus cualidades para compartírselas a la audiencia en su intento de persuadirla para votar por ella.

Me dijo que no tenía ni idea de por qué no ensayó, nunca le habían pedido que diera un discurso y supuso que podría sólo ponerse de pie y hablar. Pero resultó que tenía pánico escénico y se paralizó, debido, en gran parte, a su falta de preparación. Así que se sentó, humillada y triste, mientras las otras tres candidatas exponían sus discursos ensayados de manera cuidadosa.

Esta historia resulta aún mejor porque Marta ganó las elecciones, pero sólo porque sus hermanas, que iban en la misma escuela, convencieron a sus amigos de votar por ella. Nunca debes abordar una situación de la misma forma que Marta y esperar resultados similares. Planea con anticipación para que esto jamás te suceda. Marta aprendió la lección (que los planes dan confianza) por el camino difícil y nunca la olvidó. No permitas que te pase lo mismo.

La confianza es importante cuando pides a los demás que hagan algo por ti. Nada la estimula tanto como la preparación.

Los planes también mejoran tu seguridad no sólo para futuras transacciones, sino en general. Entre más certeza tengas de qué quieres y cómo planeas lograrlo, sentirás más confianza todos los días.

Cultura de ventas

No importa a cuál de los 1100 restaurantes de Firehouse Subs entres en Estados Unidos, encontrarás el mismo discurso de ventas experto (de alguien que, en realidad, no es un vendedor).

El cajero que toma tu orden pedirá tu sándwich y después te preguntará, uno por uno, si quieres una bebida, papas, pepinillos, postre y si deseas redondear tus centavos para su fundación que dona equipos a los rescatistas.

Todas las veces.

Muchas personas dicen que sí al redondeo. En los últimos 20 años, la cadena de restaurantes fundada por dos hermanos bomberos ha donado más de $40 millones en equipo, entrenamiento y apoyo a los rescatistas de la comunidad y organizaciones de seguridad pública. Qué buena idea y qué gran ejecución.

Pero imagina que el cajero no te pregunta si deseas redondear. ¿Donarías de todos modos? ¿Y si el chico preguntara de vez en cuando pero no siempre? ¿O si algunos lo dijeran y otros no? ¿O si los dejaran preguntar sólo cuando sienten que deben hacerlo? Supongo que las donaciones de la empresa estarían bastante lejos de los $40 millones.

Los dueños, lo sepan o no, dieron en el punto clave de una de las partes más importantes de hacer un plan para vender: una vez que decides vender, hazlo de manera consciente. Si decides adquirir el hábito de preguntar a tus clientes qué más puedes venderles, necesitas hacerlo de forma consciente. Si eres un gerente, líder de departamento o dueño de un negocio y quieres que tu equipo de no vendedores se ponga a vender, debes responsabilizarlos a todos (no sólo a algunos) para que el esfuerzo sea constante. Es parte de su cultura.

Antes de empezar mi carrera profesional, trabajé medio tiempo como cajera de una tienda que ofrecía productos gourmet, cervezas, vinos y otras cosas importadas y deliciosas que no encuentras en las cadenas de supermercados.

No me capacitaron para vender, pero para mí era claro como el agua que el cliente siempre es primero. Si estaba ocupada limpiando el espacio o sacando cambio para la caja, de inmediato lo dejaba de hacer y ponía mi atención a cualquier cliente que se me acercara. Lo mismo sucedía con los otros empleados: no importaba si alguien estaba rebanando carne, limpiando el cristal del mostrador de panadería o empujando una docena de carritos desde el estacionamiento hasta la tienda, todo se detenía si un cliente necesitaba ayuda.

Esta regla se reforzaba de manera tan constante que incluso los dueños de la tienda se apegaban a ella. Si alguien estaba rallando queso para la barra de ensaladas y se acercaba un cliente a ordenar, la dueña le cobraba en persona con tal de no hacerlo esperar.

Era muy interesante verla crear la cultura sobre que el cliente es primero al dar el ejemplo. Nos enseñó esa regla. Esperaba que todos la siguieran. Ella lo hacía. Creó una cultura en la que los clientes eran la prioridad. Sin excepción.

Esa propietaria entendió algo que muchos de los gerentes no: todos en la tienda son vendedores y embajadores de la misma: cajeros, encargados de productos *delicatessen*, carniceros, panaderos, mantenimiento y ella. Se aseguró de que nosotros también lo entendiéramos.

Funcionaba tan bien que alguien podría llegar a la tienda en cualquier momento sin avisar y grabar un comercial. No tendríamos que prepararnos, posar o actuar porque siempre nos comportábamos de la mejor manera en el trabajo. Siempre pusimos primero al cliente.

Entonces, ¿qué tipo de comercial creas para tu negocio? Lo generas con tu comportamiento, te des cuenta o no. ¿Es el que quieres transmitir?

Si eres dueño, propietario o supervisor, debes hacer un plan para este tipo de cultura de *ventas*. De hecho, es muy poco probable que puedas implementarla sin dicho plan.

Tengo un cliente que posee una firma mediana de contabilidad y no ha contratado a ningún vendedor profesional. Formalmente, es un contador, no un vendedor. Su personal consiste en muchos contadores y un gerente. Ninguno de ellos es vendedor, de manera formal. Son bastante buenos para traer nuevos negocios y solicitar más trabajo a los clientes actuales. Pero no lo llaman ventas. La mayoría ni siquiera lo consideraría como tal, sólo lo hacen de manera natural y les sale bastante bien como organización.

Pero el propietario quiere más que sólo bien. Quiere crecer el negocio. Quiere que su personal venda a propósito. Como resultado, me invitó a enseñarle a su grupo de inteligentes profesionales de las finanzas mi plan de cinco pasos para vender. Pero primero se lo enseñé a él.

El dueño necesitaba convencer a los miembros de su equipo que las ventas no eran *desagradables*. Tenía que demostrarles que ya vendían y lo hacían bastante bien. Debía asegurarles que agregar *ventas* a su trabajo no los saturaría pues contrataría más gente para ayudar. Y, por último, necesitaba enseñarles a vender.

Hizo una lista que quería que siguieran para todos y cada uno de los clientes:

1) Antes de despedirte pregunta: "¿Algo más que pueda hacer por usted?"
2) Pide que te recomiende a sus colegas o amigos.
3) Envía un correo electrónico con un vínculo hacia un sitio de evaluación contable pidiéndole que deje un comentario positivo.

4) Llama un día después de que hayas terminado ese trabajo y dale las gracias.

Nadie podía cerrar con su cliente hasta no realizar esos cuatro puntos.

Gracias a este tipo de regularidad y consistencia, el dueño creó un nuevo hábito en cada empleado y cambió su mentalidad para que vendieran de manera consciente. Incluso instituyó celebraciones cuando la firma superara su meta de ventas y pagó un bono a los miembros de su equipo que vendieran más.

Su problema: después de que trabajamos juntos no siguió reforzando esto. Los bonos son un buen incentivo para las personas que quieren ganar un dinero extra, pero los contadores ya ganaban bastante, así que algunos no participaron. No tenía una penalización para los que se rehusaban a vender. No creó una cultura de ventas dentro de la empresa.

Aún trabaja con esto, pero mientras tanto, el nuevo sistema ayudó al personal a incrementar el número de referencias en menos de dos meses.

TIP PROFESIONAL

Una de las formas más fáciles de hacer una venta casual es preguntar a cada cliente o consumidor: "¿Hay algo más que pueda hacer por usted?" Incluso mejor: "¿Alguna otra petición que quiera resolver hoy?" Sé específico sobre qué más puedes ofrecer.

Los cajeros lo preguntan en los restaurantes de comida rápida: "¿Quiere papas con su orden?" Los chicos de Firehouse Subs lo hacen cuando te piden que dones: "¿Desea redondear sus centavos?"

Dilo cada vez que trabajes con un cliente: "¿Algo más en que le pueda ayudar?" Sólo pregunta qué más quieren o necesitan tus clientes ¡Y pum! Estarás vendiendo. Y lo harás de manera intencional.

PASO UNO EN ACCIÓN
COMERCIALES

¿Alguna vez te has enterado de que un empleado al azar fue más allá del deber y ayudó a un cliente o incluso a alguien que ni era su cliente? Esas historias se vuelven virales. Tal vez porque hay tantas malas noticias nos aferramos a las buenas con las dos manos.

Leí un reportaje de la aerolínea Southwest Airlines donde un empleado manejó a casa de una viajera a las 3:00 a. m. para regresarle una maleta perdida que contenía medicinas y un rosario que la cliente quería llevar a su cita del día siguiente en quimioterapia. Otra historia es de un empleado de Home Depot que ayudó a los papás de un pequeño con discapacidad a construir un aparato improvisado con tubos de plomería para que el niño realizara sus prácticas de caminar. Una cajera de 19 años de Burger King ganó mucho amor en redes sociales luego de que un cliente publicó la foto de ella acompañando a un anciano a su coche después de comer. Un restaurante de pollos, Chick-fil-A, abrió un domingo sólo para que un niño de 14 años pudiera realizar su sueño de trabajar en el *drive-through*. El gerente de la tienda dejó que el niño autista y con parálisis cerebral entregara galletas a amigos y familiares durante su *turno*.

No importa qué tan grande o pequeño sea el gesto, la bondad siempre atrae la atención. La bondad vende.

¿Qué haces en el trabajo para crear momentos importantes para otros? ¿Algo que valga la pena para una buena noticia y que haga que tú o tu empresa se vean bien? ¿Qué has hecho últimamente que pueda parecer un comercial para tu compañía?

Una cosa con los *momentos* que pueden ser buenas noticias es que provienen del corazón. Y cuando un negocio en serio pone primero al cliente, esos comerciales suceden todos los días.

Cuando lo hace, los clientes lo notan. No hay mejor herramienta de venta que una cultura en el trabajo que valore el servicio al cliente, aun cuando no compren nada.

A pocas cuadras de mi casa en San Francisco, tres negocios diferentes regalan golosinas para perros a las personas que recogen las heces de sus mascotas cuando salen a caminar: un restaurante, una ferretería y una cafetería. Mi perro, Biscuit, sabe dónde están y me lleva a una de ellas todos los días. Mi favorita es la ferretería Cole. Mi esposo y yo remodelamos la casa, así que por un tiempo necesitamos herramientas y esas cosas. Por esas idas a la ferretería Biscuit fue el único de la casa que disfrutó la renovación. Una mañana que lo saqué a pasear me llevó. No tenía la intención de comprar nada ese día, pero de todos modos Biscuit obtuvo su premio.

—Ésta es la mejor parte de su día —le dije a la cajera mientras señalaba a Biscuit.

—No —contestó ella—, es la mejor parte de mi día.

Amé eso.

Tal vez no lo sabe, pero eso fue una interacción de venta. Podría ir a cualquier otra ferretería o incluso a una de autoservicio a comprar mis suministros para la remodelación, pero seguí yendo ahí por los premios para el perro y la manera en que nos trataban a Biscuit y a mí.

Ahora que la remodelación ha terminado, aún voy ahí por lo que la cajera dijo. Regala los premios porque quiere que la gente pase a visitarla. Quiere crear un ambiente de comunidad en la tienda. Hace que quiera regresar a comprarle. Hace que quiera contarle a la gente de esa tienda y convencerla de que vaya.

¿No es un gran comercial?

La mayoría de la gente sólo habla de su experiencia con los vendedores cuando es negativa. Tendemos a ventilar nuestras frustraciones. Así que empecé a notar en serio cuando alguien de ventas o alguien que no está en eso, pero termina vendiéndome algo, lo hace *bien*. Estas buenas historias son un maravilloso ejemplo de lo fácil que es vender: sólo sé amable y ayuda a los demás.

Por otro lado, también nos muestra lo fácil que es hacer lo contrario: alejar a un cliente potencial. Cuando creas una experiencia negativa para un cliente, también creas un comercial, uno que se repetirá por mucho tiempo.

Por ejemplo:

Entré a un gimnasio para ver cómo estaba porque camino por ahí todos los días cuando voy por mi café en la mañana y se ve lindo y limpio.

Pensarías que las personas de recepción tendrían un entrenamiento como vendedores porque son los que deben ofrecerte que entres a dar un recorrido o pases con el representante de ventas. Al parecer no en este lugar.

La persona de recepción parecía no tener ni idea de que podría estar interesada en comprar una membresía.

—¿Me puedes dar un horario de las clases? —pregunté.

—No, no tengo ninguno —respondió.

—¿Dónde lo puedo encontrar?

—Búsquelo en la página de internet.

—¿Tienen clases de hip hop y aeróbics?

—No lo sé.

Estaba sentada frente a su computadora. Podría buscarlo por mí.

—¿Puedo pagar por una clase o debo comprar la membresía completa? —pregunté de nuevo.

—No sé. Pregúntele al representante de ventas.

—¿Está disponible?

—Pregúnteles a ellos —dijo señalando detrás de ella a los entrenadores sentados en sus escritorios.

No lo hice, me salí.

Una oportunidad desperdiciada. Sí tenía ganas de inscribirme al gimnasio. Ya lo había planeado, pero no me voy a molestar con uno donde su empleada me da la impresión de que nadie se preocupa lo suficiente por ayudar a las personas que entran.

Al menos podría hablarle al representante de ventas para que viniera. Ni siquiera se ofreció. Perdió una venta e hizo un pésimo comercial que tengo en repetición.

¿Qué tipo de comercial generas por tu forma de interactuar con las personas?

5

Paso dos
Buscar oportunidades

Ya llegaste bastante lejos en este libro, así que asumiré que estás convencido de que todos los trabajos, incluido el tuyo, son de ventas, al menos de vez en cuando. Este capítulo pondrá esa convicción a prueba.

Si ya crees que tu trabajo es vender, aun cuando su descripción no lo diga así, entonces podría también convencerte de que es una buena idea buscar oportunidades para hacerlo. Pongamos a prueba las habilidades de ventas que estás aprendiendo en este libro.

No tienes que buscar mucho. Las oportunidades para vender no se esconden. No hay secretos. Están a tu alrededor, todo el tiempo.

Responde esto: ¿hay algo que quieras? ¿Algo que te mueres por pedir pero no lo has hecho? Lo que sea, véndelo. A tu jefe, a tus colegas, a tus clientes, tus amigos, incluso a las personas que conoces en esas reuniones empresariales de rutina.

Mientras leías sobre planeación en el capítulo anterior, tal vez pasaste algún tiempo pensando en lo que querías.

Ahora es tiempo de hacer tu lista de deseos. ¿Qué quieres en el trabajo, en tu carrera a corto y largo plazo? Haz una lista y después ve por cada deseo, usando las habilidades de venta que aprendas de este libro.

He aquí las 10 cosas que la mayoría deseamos en el trabajo y que se pueden obtener usando las habilidades de un profesional en ventas: planear, buscar oportunidades, generar confianza, pedir lo que quieres y dar seguimiento.

1) Un aumento
2) Un ascenso o más responsabilidades
3) La referencia de un cliente o colega que te puede presentar a nuevos clientes potenciales
4) Un trabajo, si es que no lo tienes, o uno diferente si no te gusta en el que estás
5) Una carta de recomendación
6) Reconocimiento o al menos crédito por un trabajo bien hecho
7) Un mejor cuarto de hotel o un auto rentado más grande durante un viaje de negocios
8) Un turno mejor
9) Tiempo libre
10) Una oficina más grande, más silenciosa o para ti solo

Para obtenerlas, necesitas detectar las oportunidades de vender cuando surjan. Casi siempre, éstas significan relacionarte con personas que te acercan a tus objetivos.

Este capítulo, "Paso dos: Buscar oportunidades", se trata de estar alerta y conectado. También de ofrecer lo que tienes y ayudar a las personas, sin que te lo pidan.

Vigilar

Ahora que ya sabes que vendes todo el día, busca oportunidades para hacerlo. Vigílalas y entrena para notarlas. También ten esta pregunta en mente todo el tiempo: ¿tengo la oportunidad de hacer una venta informal en esta situación?

Si pides a tu jefe un aumento o una referencia a un cliente satisfecho, es más probable que escuches un "sí" a que si no lo preguntas. La necesidad de estar alerta no termina cuando detectas una oportunidad, al contrario, tienes que poner atención para saber cuándo preguntar.

Obtener un aumento

Si quieres algo debes buscar la oportunidad de conseguirlo. Pero ¿cómo saber cuándo es el momento correcto para pedirlo?

Por ejemplo, si quieres un aumento el secreto es tener en mente la idea de *obtener un aumento* todo el tiempo. Al hacerlo serás más capaz de identificar el momento correcto de pedirlo.

Para eso necesitas un plan. Esto evitará que digas (en un mal momento) que estás resentido porque un compañero gana más que tú, que crees que tu jefe tiene favoritos o que te explota de más. Tu plan te mantendrá bajo control y alerta para que sepas cuándo es el mejor momento para pedir lo que quieres.

Planea obtener ese aumento; mantén tus sentidos agudos a las pistas del momento adecuado; observa a tu jefe para saber cuándo está de buen humor o cuándo te arrancará la cabeza por pedirle un lápiz; escucha con cuidado cuando dice lo que quiere y necesita de su departamento para que sea un éxito.

Como la mayoría de las cosas en la vida, entre más tiempo planees algo, es más probable que lo consigas.

Así que llega el gran día. El jefe agendó tu evaluación de desempeño. Está de buenas. En la última reunión anunció un nuevo proyecto y dejó claro que iba a ser súper importante para él. Casi le suplicó al personal que lo manejara con sumo cuidado, pero que lo terminara extrarrápido. Y resulta que no tienes planes para este fin de semana.

Tu evaluación va bien (como sabias que sucedería) y a medida que cierran la plática reconoces una oportunidad. De manera ingeniosa, llevas la charla hacia el proyecto favorito de tu jefe. Le demuestras tu entusiasmo auténtico por él. Reconoces lo importante que es para él. Estás de acuerdo con que el tiempo de entrega debe ser breve y requerirá cuidado adicional para evitar errores. Te ofreces a organizar un equipo que trabaje horas extras el sábado para resolver los problemas que podrían surgir si pasan por alto algún detalle crítico o no entregan a tiempo.

La oferta le recordará a tu jefe tu compromiso y pasión por el trabajo.

Él se emociona. Entiendes la relevancia de este proyecto. Y estás dispuesto a darlo todo no sólo por ti, sino por lo que significa para él.

TIP PROFESIONAL

Demostrar a otras personas tu interés genuino por algo sólo porque sabes que es importante para ellos te llevará lejos, siempre y cuando sea auténtico.

Regresas a tu evaluación de desempeño y agradeces a tu jefe sus palabras de aliento y su confianza en ti. Y justo antes de irte dices: "Espero que esto nos ayude a ganar esta cuenta para cumplir nuestros objetivos de crecimiento. Tal vez incluso se traduzca en un aumento para mí en la próxima evaluación de desempeño".

Claro, depende del jefe, quien podrá alegar pobreza, mal momento, políticas de la empresa o lo que sea. Pero debes apegarte a tu plan. Sabes que mereces un aumento y que él también lo sabe.

Pedir referencias

La mayoría lo hace mal. Le *dicen* al jefe, colega, cliente o profesor que necesitan una carta de recomendación. Pero la forma apropiada de conseguirla es *pedirla* de manera educada.

¿Cuál es tu plan? Primero, escoge con cuidado. Evita pedir cartas a personas con las que has tenido conflictos o que tienen algún resentimiento porque les *robaste* un cliente o alguien con quien no has tenido contacto en tanto tiempo que ni se acuerda cómo eres. Esto me pasaba todo el tiempo cuando era profesora (y aún me pasa algunas veces desde que abrí mi empresa de consultoría). Y en definitiva no soy la única.

Una antigua colega me contó de una joven que le pidió una carta de recomendación para unas prácticas. La profesora, que por lo general adora recomendar a sus alumnos porque de verdad desea que tengan éxito, le dijo que necesitaba dos días para considerarlo.

Un año antes, la estudiante estaba perdida en clase mientras aprendían un nuevo programa de software. Se frustró, fue con la maestra y le gritó: "¡Esto es estúpido!", entre otras acusaciones. Después salió como torbellino del laboratorio de computación para ir a llorar al baño de mujeres.

Ahora pedía una recomendación para unas prácticas importantes. Mi colega se negó de manera educada, diciendo que mejor buscara a otro instructor para que le hiciera la carta. "¿Por qué?", le escribió la estudiante en un correo electrónico. La profesora le recordó el incidente. La chica, que con frecuencia veía a mi colega en el pasillo entre clases, nunca se disculpó por su arranque y, de hecho, nunca le dijo una palabra desde que acabó el curso.

Esa estudiante cometió algunos errores. Era como si no se hubiera dado cuenta de lo decepcionante que fue su actuación para su profesora y sus compañeros de clase. O si se dio cuenta, supuso que mi colega no se podía negar a la petición de la carta de recomendación.

¿Qué beneficio obtendría la profesora por escribir la carta? No se me ocurre ninguno.

En este caso, nadie gana.

Pero a veces puedes tener una recomendación incluso sin pedirla. Lo sé por experiencia: he recomendado la aerolínea Delta Airlines a una tonelada de amigos y clientes después de la maravillosa experiencia que tuve en un viaje con ellos.

Siempre tengo frío, incluso en julio y sobre todo en invierno, aunque la calefacción esté a todo lo que da. Creo que es porque soy del sur, donde siempre hace calor. En un vuelo con Delta, sentí que me congelaba (y cabe recalcar que estoy bastante consciente de mi poca tolerancia a las bajas temperaturas, así que me vestí de acuerdo con la ocasión, pantalones largos, suéter, chamarra y bufanda).

El viaje era demasiado frío, más de lo usual. Busqué en mi maleta de mano y saqué mi abrigo de invierno, me tapé con él y me hice bolita bajo la pequeña cobija que tomé del avión. Me envolví desde la nariz hasta los pies, pero aún sentía mucho frío. Así que le pedí a la azafata que me prestara otra cobija y le dijera al piloto que apagara el aire acondicionado.

Regresó con las manos vacías, de ambas peticiones. Al parecer el aire acondicionado se había descompuesto, por lo que al frente se estaban congelando y en la parte de atrás derritiendo. Y ya no había más cobijas.

Pero ofreció a moverme al verano en la parte trasera del avión, aunque tendría que deslizarme a un asiento en medio de dos viajeros que tal vez se quejarían del calor tanto como yo me quejaba del frío. Me trajo una taza de café caliente y la rellenó una y otra vez. Me distrajo de la incomodidad al regresar en varias ocasiones a platicar conmigo y agregó un montón de millas gratis a mi cuenta de Delta.

Fue más allá. Vio una oportunidad de convertir un viaje bastante miserable en uno tolerable. Hizo lo que estaba a su alcance.

Aunque tuve un viaje duro, bajé del avión con un buen sentimiento y le di a la azafata mis agradecimientos en las redes sociales y una gran evaluación en la encuesta de la aerolínea.

Actuar

Mi amiga Ruth es una arquitecta que diseña pequeños edificios de oficinas en una ciudad al noreste de Estados Unidos. A los constructores no les gusta que los dueños pasen mucho tiempo en la obra por cuestiones de seguridad, pero muchos propietarios están nerviosos por el progreso de la construcción así que insisten en su necesidad de verlo con sus ojos.

Ruth toma fotos del progreso cada dos días y las comparte con los dueños. Pero a veces no es suficiente. No quiere perderlos, le dan mucho trabajo y recomendaciones. Aunque tampoco quiere que estén caminando por las zonas peligrosas de la obra.

Un día, le llegó un correo electrónico del boletín al que estaba suscrita porque dio un par de clases de arquitectura en la universidad de una comunidad cercana. El mensaje hablaba de un nuevo programa para enseñar a las personas a volar drones y prepararlas para el examen de la Administración Federal de Aviación que las califica como pilotos de esos dispositivos.

Cuando Ruth lo vio se le prendió el foco: si volaba drones sobre las oficinas en diferentes etapas de la construcción, podía sacar videos y fotos dentro de las paredes exteriores del edificio, incluso antes de colocar el techo. De esa manera el dueño podía ver lo grandes que eran las habitaciones y dónde estaban.

El reto: ingresar al entrenamiento. Era sólo para profesores y ella era una adjunta de medio tiempo que no había enseñado en dos años. La idea: intentar de todos modos.

Hizo un plan. Buscó la forma en que los arquitectos usaban drones para ayudar a sus negocios y leyó la misión de la universidad de contribuir al éxito de la comunidad fuera del campus. Después, hizo una carta que envió al capacitador principal, quien la aceptó en las clases.

Antes, a Ruth nunca se le habría ocurrido venderse como futura piloto de drones. Pero ahora no sólo tomaría fotografías de sus proyectos, también se rentaría a otros arquitectos y constructores de su comunidad. Durante las muchas entrevistas a redes sociales que ha dado desde que empezó a usar el dron, da el crédito a la universidad por el entrenamiento que tomó.

Ganar-ganar.

Conectar

Una de mis reglas de oro es: "No puedes hacerlo solo". Nadie puede. Y me refiero a tu vida, tu carrera, al balance vida-trabajo y todo junto.

Por lo general, las mejores personas para ayudarte son las más cercanas: familia, amigos, colegas y socios de negocios.

Mi amiga Pilar descubrió esto en un baile del día de San Valentín. Pertenecía a una organización profesional de diseño gráfico para mujeres que celebró una gala temática para obtener fondos para el grupo.

Lo divertido de la fiesta: sólo fueron mujeres. Pilar y las otras organizadoras pensaron que todas llevarían a sus parejas, pero no lo hicieron. Así que usaron la oportunidad para conocerse mejor.

Pilar consiguió un enorme trabajo de freelance. Ella y su amiga, Eve, se divertían en la pista de baile tratando algunos movimientos de música disco que vieron en una película de los años setenta. Después, mientras compartían algunas bebidas, Pilar le contó su decisión de renunciar a su trabajo en el departamento de mercadotecnia de una gran compañía y volverse freelance de tiempo completo en diseño gráfico.

Fue directa y le preguntó a Eve, que llevaba el departamento de mercadotecnia de otra firma, si su empresa podría usar sus servicios como independiente.

—Por desgracia, todo nuestro personal es de tiempo completo. Nunca usamos freelancers —respondió Eve.

—Bueno, si un día cambian de opinión, aquí me puedes contactar —dijo Pilar mientras le entregaba su tarjeta de presentación.

Semanas después Eve lo hizo. Un diseñador gráfico de su oficina se fue un par de meses por cuestiones médicas y Eve pensó en Pilar. Eso fue hace 10 años y Pilar aún cubre a todos los diseñadores gráficos de la empresa de Eve cuando se enferman o salen de vacaciones.

Conectar te da eso. Sácale provecho.

¿No eres muy sociable?

Te diré un secreto: aunque dicen que soy amigable y extrovertida y por lo general me agrada la gente, tampoco soy muy sociable. Siento que las conversaciones que tenemos en eventos sociales y conferencias son puro parloteo. Prefiero conocer a las personas de una manera más cercana y profunda.

Pero debo decirlo, esas recepciones me ayudaron a aterrizar muchos negocios para mi compañía. Hicieron posible que me presentaran a personas que de otra manera jamás habría conocido. Me dieron la oportunidad de hablar de mi empresa, Orange Leaf Consulting, con otros.

Se me ocurrió un sistema que quiero compartir contigo, consta de ocho partes y es a prueba de balas. Se trata de llegar a un lugar, hacer tantos contactos como pueda e irme.

Ocho secretos para conectar

1) **Ve**. Aunque odies las recepciones de negocios, picnics de la empresa o almuerzos con los clientes, asiste. No harás redes de contactos si no conoces a las personas. No cerrarás ventas informales para tu empresa si no hablas con los que quizá quieran hacer negocios contigo. No construirás tu reputación ni venderás si nunca sales de tu cubículo.

2) **Diviértete, aunque tengas que fingir**. Oblígate a sonreír y muy pronto te sentirás contento. Si sonríes, es mucho más probable que las personas se te acerquen, se interesen en ti, incluso te digan "sí" cuando tu empresa tenga un producto o servicio que pueden resolver los problemas de tus nuevos amigos.
3) **Habla**. No eres el único que preferiría ir a su cita con el dentista en lugar de pasar la tarde flotando alrededor de una habitación llena de gente que ni conoce. Y muchos de los que están ahí tampoco saben qué decir. O les da pena. O esperan que tú inicies la conversación. Así que hazlo. Aprende las habilidades de una plática breve. Hablaré más de esto en el capítulo 6, que se enfoca en hablar y escuchar.
4) **Cuida lo que dices**. Espero que ya sepas que nunca debes hablar de política, religión o sexo con personas relacionadas con el trabajo. Apégate a temas que a todos les gustan: el clima, la última película que viste, las noticias del día que no tienen que ver con política. Cuando conoces a alguien o reconectas con alguien que has encontrado una o dos veces, pregunta por su trabajo, familia o vacaciones.
5) **Escucha las pistas**. La otra persona tal vez necesita o desea algo que tu empresa puede ofrecer. Llena tu cartera con tarjetas de presentación antes de llegar al evento. Repártelas con libertad, pero sin presionar a nadie. En lugar de eso, ¿qué tal si la invitas a platicar de nuevo en el almuerzo o por teléfono la próxima semana? Una segunda reunión es un salto enorme en el mundo de las ventas. Te dará la oportunidad de hablar de manera privada y más profunda sobre cómo puedes apoyarla.
6) **Toma descansos**. Yo lo hago todo el tiempo. Hablo con tres personas y después me disculpo y voy al baño o a algún lado a revisar mi celular. Regreso a la fiesta, platico con otras tres y me salgo de nuevo a tomar aire fresco. Por último, platico con tres más y me voy a dormir.

7) **Sal con gracia**. No te enganches en una conversación larga o un debate. Di unas cuantas palabras, después discúlpate de manera educada y aléjate sin hacer escándalos. Di que viste a alguien que conoces, que vas a la barra (ofrece traerle algo) o inventa una excusa como: "Debo hacer una llamada. Te veo después". Y vete. Funciona. No es rudo ni difícil, ¿o sí? Cuando sea momento de dejar la fiesta, hazlo.
8) **Decide una hora límite**. Yo decido que estaré una hora y me voy. Las recepciones y eventos similares no son un foro para conversaciones profundas ni para hacer amigos de toda la vida. Son más para pláticas breves, ver y que te vean, conocer gente y, tal vez, arreglar una segunda cita.

Ofrecer

El otro día ordené una ensalada para llevar en una tienda de sándwiches. Como preparan más sándwiches que ensaladas tuve que esperar 15 minutos para tener mi pedido.

Me paré cerca de la cajera mientras aguardaba. Vi cliente tras cliente ordenar sus sándwiches y papas, pagar y sentarse. Después vi a esos mismos clientes acercarse de nuevo, uno tras otro, para hacer una segunda orden: algo de beber.

Una de ellas era una madre joven con un bebé y un niño pequeño. La pobre mujer llevó a sus hijos y su comida a una mesa vacía, sujetó al bebé en la periquera, desenvolvió los sándwiches, les puso sus baberos y se sentó. Antes de poder exhalar se dio cuenta de que no había ordenado las bebidas. Así que desamarró al bebé, tomó al otro pequeño de la mano, rezó por que nadie se metiera con su almuerzo, que ya estaba por toda la mesa, y regresó con la cajera para ordenar una limonada grande y un jugo de manzana.

Se me ocurrió decirle a la cajera de 16 años algo que no había descubierto por sí sola: le sugerí que preguntara a cada cliente que ordenaba comida si también deseaba algo de beber. Le encantó la idea, nunca se le había ocurrido. Ni tampoco a su gerente. Éste le enseñó cómo hacer un sándwich, contar el cambio, checar entrada y salida. Pero nadie le enseñó cómo vender. La observé mientras lo probaba y cerca de 100% de los clientes en los siguientes 10 minutos dijeron que sí a la bebida.

Le dije a la cajera lo mismo que a ti: vender se trata de sentir las necesidades de los demás. La adolescente le habría ahorrado una molestia a la joven madre (incluso le habría dado un momento de paz durante su estresante día con dos pequeños) si le hubiera ofrecido algo que de todos modos necesitaba.

Para las personas que piden su almuerzo para llevar, les evitaría comer sus sándwiches sin una bebida y tener que bajárselos a brincos. Para los que hicieron órdenes grandes, recordarles las bebidas los haría los héroes al regresar a la oficina porque sus colegas no tendrían que andar buscando café o comprar refrescos de máquinas.

Su trabajo es tomar las órdenes y cobrar. No es una vendedora formal. Pero si ofrece las bebidas, capta más dinero para la tienda, hace más feliz a su jefe y satisface la necesidad de la gente de beber algo cuando come.

El punto es: no esperes a que la gente te pida lo que quiere. En lugar de eso, descubre qué es y ofrécelo. Es fácil.

Te conté de Benjamín, mi técnico que reaccionó a un comentario que hice sobre mi calefacción, se ofreció a revisarlo y lo sumó al trabajo original que sólo era reparar el aire acondicionado. Mi vecina me contó una experiencia similar. Su esposo no tenía ganas de poner las luces de Navidad el año pasado. Todos en el vecindario notaron las luces faltantes porque la pareja vivía en la esquina y cada año exageraba con la decoración.

Un chico que vivía a unas cuadras también lo notó (mi amiga ni siquiera lo conocía). Así que se detuvo, se presentó como un reparador de techos y dijo que la empresa para la que trabajaba se dedicaba a colocar las luces navideñas en esa temporada. Ella lo contrató al instante.

No es un vendedor por profesión o entrenamiento. Es un reparador de techos. Pero vio que su vecino necesitaba algo y supo que su compañía podía ayudar.

Vendió. Su jefe estaba feliz. Mi vecina tenía sus luces colocadas. Su marido dejó de sentirse culpable. Los vecinos no tuvieron que dejar de hablar de la llamativa casa de la esquina.

Ganar-ganar-ganar. Vender satisface las necesidades. Ayuda a otros y eso se siente bien.

Empieza a buscar oportunidades para ofrecerte a ayudar a la gente. Un contador que antes de meterse a su coche cruza la calle para auxiliar a una mujer mayor a regresar sus botes de basura el día de recolección, tal vez no crea que vende algo. Pero esa bondad (en realidad, cualquier bondad) puede llegar lejos y construirle una reputación de persona caritativa y servicial. Y así, la próxima vez que la hija de un vecino tenga problemas con sus impuestos, pues los considera muy difíciles de calcular sola, y se queje con su madre, la anciana recomendará al amable contador que vive cruzando la calle. Vendido.

A mi amiga María y su marido les gusta salir en los fines de semana largos varias veces al año y viajar a ciudades grandes, como Nueva York y Chicago. María no se preocupa mucho por el hotel siempre y cuando la ubicación y el precio sean adecuados.

Hace un año más o menos la pareja decidió ir a Nueva York para Navidad y pasó un momento complicado para encontrar en internet un cuarto disponible a un precio que pudieran pagar. Buscó hotel tras hotel y en resumen cada sitio web decía "cupo lleno".

Así que lo hizo a la antigua: llamó al área de reservación del Hilton. La operadora le confirmó que el hotel por el que preguntaba, en efecto, estaba lleno, pero se ofreció a buscar en toda la ciudad los cuartos disponibles dentro de su rango de precios. Trabajó con María durante 20 minutos y encontró cuatro opciones. María reservó al instante.

Así que la operadora vendió, en parte es su trabajo, ¿no? Pero también sucedió esto: María y su esposo ahora sólo se hospedan en Hilton. Se inscribieron al programa del hotel, obtuvieron su tarjeta de crédito y ahora son fieles a la marca.

La operadora no sólo le vendió una reservación para su fin de semana en Nueva York. Le vendió la idea de volverse cliente de por vida (en sólo 20 minutos). ¿Qué tal el rendimiento de inversión? Una conversación convirtió a María en cliente de por vida.

Y sólo tuvo que ofrecer. Tú también puedes hacerlo. Entrena para escuchar las oportunidades cada que alguien dice lo que necesita, incluso si es un comentario casual o no tiene nada que ver con lo que estaban hablando o con la transacción que están haciendo.

Si alguien se queja o indica que le falta algo: escucha. Imagina al instante cómo tú o tu negocio satisfacen esa carencia, dile a la persona lo que puedes ofrecer que podría ayudarle.

Entrena para poner atención. Reconoce cuando se abre una puerta. Y entra.

Muchas veces, entrar significa ofrecer sin que te lo pidan, aunque debes estar preparado para cualquier solicitud.

Una de mis historias favoritas donde esto se refleja de forma memorable es la del actor que interpretó a Gunther en la serie de televisión *Friends*.

Por año y medio, el personaje desconocido y silencioso de James Michael Tyler le sirvió café a la hermosa Rachel y se alejó sin decir una palabra. A la mitad de la segunda temporada, uno de los ejecutivos del programa le preguntó si tenía experiencia en actuación. Dijo que sí.

Estaba listo para ofrecer sus servicios tan pronto como la oportunidad se presentara. Estaba listo para vender. Y lo hizo. Su personaje obtuvo un nombre y un guion. Tyler mantuvo su personaje por los siguientes 10 años de la serie.

Prepárate. Detecta las oportunidades. Dimensiónalas. Habla. Vende.

Aceptar invitaciones

Richard Montanez reconoce una oportunidad cuando la ve. Por eso, cuando este exconserje de Frito-Lay, la version estadounidense de Sabritas, escuchó que el CEO invitaba a los empleados a compartirle sus ideas, lo hizo.

Una noche, mientras limpiaba el piso de la habitación donde una máquina cubría los Cheetos con el polvo característico de la compañía, Montanez encontró una bolsa de rizos que la máquina escupió sin recubrimiento. Los llevó a casa, les puso un poco de chile en polvo y le pidió a su familia que los probara. Las críticas fueron excelentes. Luego, Montanez recordó que Roger Enrico (en ese entonces CEO de Frito-Lay y más tarde de PepsiCo) invitó a los empleados a *adueñarse de la empresa*, así que lo llamó para mostrarle el producto y éste le dio dos semanas para preparar una presentación formal.

A Enrico le encantó la versión picante de los Cheetos, les puso nombre (Flamin' Hot Cheetos) y los metió a producción. Se vendieron tan bien que la compañía agregó una versión sin grasa y muchos otros productos Flamin' Hot.

Montanez recibió una gran promoción y un aumento de sueldo. Hoy este hombre que no terminó la primaria es un ejecutivo de marketing en PepsiCo y vale más de $14 millones. Fox Searchlight está haciendo una película sobre su historia dirigida por la actriz y directora Eva Longoria.

En un relato sobre su viaje de conserje a modelo a seguir, Montanez escribió: "Nunca des por sentado tu puesto, no importa cuál sea. CEO o conserje, siempre actúa como si fueras dueño de la empresa".

Él entendió un principio fundamental de venderse: cuando tengas algo que vender, busca oportunidades para hacerlo y aprovéchalas en cuanto aparezcan. Richard Montanez es la prueba de que incluso un trabajo de limpieza es un trabajo de ventas. De hecho, es la prueba de que todos vendemos.

PASO DOS EN ACCIÓN
MOMENTOS QUE IMPORTAN

Cada vez que hablas con alguien sobre tu trabajo o tu empresa tienes la oportunidad de vender. Cada que entras en contacto con un cliente, consumidor o incluso un miembro cualquiera del público mientras trabajas tienes la oportunidad de vender.

Esto es cierto sin importar si el nombre oficial de tu trabajo o si su descripción tiene algo que ver con las ventas. Por eso me molesta tanto cuando voy de compras y me siento poco apoyada por los vendedores que se supone están ahí para ayudarme.

El ejemplo más memorable de esto es el de mi amiga Freida, que se confiesa como *shopaholic* (adicta a las compras). Adora una tienda departamental en particular, una gran cadena que tiene vestidos de todas sus marcas favoritas.

Freida compra ahí con frecuencia, tanto en la tienda física como en línea. La cadena tiene tres tiendas cerca de ella, una cerca de su casa, una a unos kilómetros de su trabajo y la otra en frente de la oficina de un cliente que visita casi cada semana. Pero durante los últimos seis meses, más o menos, no ha comprado ahí. No vas a creer la historia. Yo aún no la creo.

Después de una cita con su cliente, caminó hacia la tienda, como de costumbre. Había ordenado un vestido en línea que resultó un poco ajustado, por lo que pidió cambiarlo en tienda por uno más grande. Había hecho estos cambios varias veces. Por desgracia, el almacén sólo tenía su talla en morado y el vestido que quería regresar era verde. Se decidió por el morado y llevó ambos vestidos a la caja, además de otro que se había probado. Freida estaba lista para comprar.

—No puede hacer el cambio porque el morado cuesta más que el verde —dijo la cajera.

—¿Puedo hacer el cambio ya que la tienda no lo tiene en verde? —preguntó Freida.

—No —respondió.

Ni siquiera lo dudó. No dijo: "Me gustaría hacerlo, pero no estoy autorizada para ello". Tampoco preguntó si podía tratar de encontrar el verde en otra tienda o en línea y hacer el cambio. U ofrecerse a pedirle al gerente si podía hacer una excepción porque la tienda no tenía verdes. Sólo dijo: "No".

Así que Freida decidió comprar la talla correcta en línea.

—¿Puedo regresar el vestido verde a la tienda? —preguntó.

—No —respondió la cajera.

Después de 20 minutos de hablar con esta persona para que le hicieran el reembolso mi amiga pidió que llamaran al gerente.

—No está —dijo la cajera.

—Cóbrame sólo el segundo vestido —indicó Freida llena de frustración. Después de la transacción, agregó—: Te diré "de nada" aun cuando no me has dado las gracias.

—¿Por qué debería agradecerte? —respondió la cajera (aunque no lo creas).

—Porque acabo de comprar en la tienda para la que trabajas.

La cajera soltó una carcajada.

¿Estás tan sorprendido como yo con esta historia?

Mi amiga estaba tan enojada que pasó otra media hora buscando la oficina de administración para reportar lo que había pasado. La gerente se disculpó, dijo que hablaría con la cajera y procesó la devolución del vestido verde. Mi amiga no regresó a esa tienda, su favorita, desde el incidente. De hecho, no volvió a comprar en esa cadena desde entonces.

Hablo mucho en este libro de crear un *cliente de por vida*. Esta experiencia (una desagradable hora perdida) hizo que mi amiga dejara de ser una cliente de por vida para volverse cliente de la competencia en sólo unos minutos.

Vender se trata de crear momentos. Mi amiga Phylecia los llama *momentos que te marcan*. Lo que te acabo de contar es un momento que marcó tanto a mi amiga que le dio la espalda a su tienda favorita.

Ése no es el tipo de momento que quieres crear si tratas de hacer un buen trabajo para ti o tu empresa. O impresionar a tu jefe. O ser una persona que ayuda. O sólo tratar bien a la gente. Los momentos que marcan deben ser buenas experiencias para las personas que te ven como representante de tu jefe.

De nuevo, ¿recuerdas a Benjamín, el técnico que arregló mi aire acondicionado y de paso mi calefacción? Ése fue un momento que me marcó. Fue una amabilidad inesperada que me ahorró dinero, molestias y tiempo. Fue una acción que me convirtió en su cliente de por vida.

Te contaré un momento que marcó tanto a mi amiga Christina que la ayudó a decidir en qué empresa trabajar. Había ido a Silicon Valley a un par de entrevistas de trabajo con dos de las grandes empresas de tecnología. Es un genio digital y la han reclutado varias empresas de prestigio que pagan salarios enormes con tal de tener a los mejores y más brillantes. De hecho, terminó en medio de una increíble guerra de ofertas entre estas dos compañías, que le ofrecían bonos altísimos, oficinas elegantes y un trabajo gratificante. El incidente más insignificante fue el de más peso para que tomara su decisión.

Ambas empresas se localizan en campus enormes. Son tan grandes y tienen a tantos empleados que necesitan varios edificios para alojarlos a todos. Cuando Christina llegó al primer campus, se perdió. Deambulaba por ahí tratando de encontrar un edificio y detuvo a alguien que al parecer sabía a dónde iba. Le pidió indicaciones, pero el chico no sabía dónde estaba el edificio que ella buscaba y siguió caminando. Detuvo a un segundo empleado que apuntó a la izquierda y dijo: "Sigue caminando en esa dirección. Por ahí lo encontrarás". No fue así y ya iba 10 minutos tarde a su junta.

A la entrevista en la segunda compañía llegó una hora antes, anticipando que estaría de nuevo navegando por su cuenta en el enorme campus. Otra vez se perdió, pero esta vez le preguntó a un guardia de seguridad. Parecía que el señor llevaba prisa, así que mi amiga esperaba un "no". Para su sorpresa, se detuvo, se rio y dijo que, aunque llevaba dos años trabajando ahí, aún se perdía a veces. Le indicó que su destino estaba a dos edificios y que jamás lo encontraría por sí sola.

—Vamos. Te acompaño —dijo.

—¿Pero no llegarás tarde? —preguntó Christina—. Parece que llevas prisa.

—Nunca hay demasiada prisa como para no ayudar a un visitante —respondió.

La llevó a la puerta principal del edificio que buscaba y le deseó suerte en su entrevista. Le dio su tarjeta de presentación y la invitó a llamarlo si aceptaba el trabajo.

Christina se quedó en la segunda empresa y los dos almuerzan juntos de vez en cuando, ahora que son colegas. Así que tiene momentos memorables de ambas compañías. Pero por diferentes razones. Ambos fueron momentos que marcan.

¿Qué tipo de momentos creas cuando interactúas con las personas que son o podrían ser clientes de tu empresa? La gente recuerda los momentos. Una buena experiencia moldeará la percepción que un extraño tenga de ti o tu compañía. Pero una mala también lo hará. ¿Qué experiencia ofreces?

Por lo general, las cosas más pequeñas hacen las grandes diferencias. Cuando ves que un vestido de novia brilla es por los cientos de minúsculas lentejuelas que alguien se tomó el tiempo de bordar. Esas cositas dan la impresión de algo mucho mayor. Cuando te preocupas por las cosas pequeñas, esas piezas se juntan. Cuando creas un momento especial, alguien lo recordará para siempre. Y tú también.

Y si arruinas un momento especial, también lo recordarán.

Una de las cosas más lindas que mi esposo hizo por mí fue planear un día especial en Nueva York. No despilfarramos mucho, pero cuando lo hacemos, queremos que cada centavo valga la pena. Ese año, para Navidad, me regaló un hermoso brazalete de alta joyería, pero eso no fue la mejor parte.

Me llevó a Nueva York y nos hospedó en un hermoso hotel durante un fin de semana. Planeó un día muy neoyorkino: almuerzo en mi restaurante favorito, patinaje en hielo en el centro Rockefeller, una copa de champagne en el Hotel Plaza, seguido de un viaje para recoger mi elegante brazalete.

A medio día fuimos a la tienda, esperamos unos minutos en la fila y le dijo a la vendedora que estábamos ahí para recoger un artículo que había ordenado. Ella desapareció y después de un momento regresó de la caja fuerte con mi regalo. Llevaba una cajita con un hermoso lazo que la envolvía. Por dentro el forro era de terciopelo, había una bolsa del mismo material y en su interior estaba mi nuevo e impresionante brazalete.

Por la manera en que presentó la caja, no podía esperar para abrirla. Quería rasgarla, pero planeé desde antes que desenvolvería todo con cuidado para saborear mejor la experiencia. No tuve tiempo para eso. En realidad, la mujer arrancó el lazo de la caja, la abrió, sacó el brazalete de la bolsita y me lo entregó.

Se robó mi momento por completo. Estábamos atónitos y se dio cuenta.

—¿Hay algún problema con el brazalete? —preguntó.

No tenía idea de que había arruinado mi momento. Y perdido el suyo.

No es común que reciba un regalo así. Cuando sucede, es un trato especial para una ocasión especial, pero para la vendedora sólo fue una transacción. De todos modos, me encanta mi brazalete, aunque nunca volveré a comprar en esa tienda.

6

Paso tres
Generar confianza

La clave para mi proceso de venta de cinco pasos para no vendedores es: si quieres algo de alguien, descubre qué obtendrá a cambio. Para esto, tienes que conocer un poco a la persona y generar confianza. Es más probable que recibas ayuda de alguien que confía en ti que de alguien que no.

La confianza no es automática. Puedes pasar tiempo con alguien sin construir confianza. Puede ser que me gustes, incluso que salgamos y, aun así, no confío en ti.

Generar confianza inicia con un interés genuino en la otra persona. Necesitas escuchar en serio cuando comparte información y sentimientos contigo. Debes observarla para determinar si tienes algo que ofrecerle que pueda mejorar su situación. Tienes que hablar lo suficiente para dejar que sepa que la entiendes, pero no tanto como para que la interacción sea sólo sobre ti. Y necesitas comportarte (siempre) de manera que le demuestres que cumples lo que dices, que eres amable y ético y que honrarás cualquier promesa que hagas mientras negocias tu venta informal.

Este paso, "Generar confianza", se trata de hacer las cuatro cosas: escuchar con atención, observar, hablar y comportarte.

Escuchar

Me impresioné con Palmira, empleada de uno de mis clientes que decidió que quería y merecía un aumento anual mayor al que le habían ofrecido. Fue directo a la oficina de su jefe (mi cliente) y se lo dijo. Por desgracia, su jefe argumentó que el dinero había sido escaso en los últimos meses y que los aumentos que ofreció a los empleados eran los únicos que podía afrontar.

De manera gentil, Palmira rechazó que la considerara igual que los demás empleados y explicó cómo sobresalió en su trabajo durante el año y cómo contribuyó en gran medida a que la empresa se mantuviera a flote en las temporadas difíciles.

Consideraba que su salario base era de, al menos, $7 500 y quería quedarse en la firma, pero necesitaba que, como ella dijo, "le cumpliera". El jefe se preocupó de que una de sus empleadas más valiosas dejara la empresa, pues no quería eso. Aun así, dijo que no podía darle dinero que no tenía. Pero le aseguró que el siguiente año sería mejor momento para negociar un incremento mucho mayor.

Lo que hizo Palmira fue brillante y le consiguió más de lo que quería. No lo habría logrado si no hubiera escuchado con atención y con la mente abierta mientras su jefe hablaba con ella.

Le dijo: "Entiendo que el dinero ha sido escaso este año y que el próximo será mejor para la empresa. Permítame proponerle una solución que funcionará para ambos".

Presentó un plan de tres años con aumentos por más de $12 000 en lugar de $7 500: $2 250 este año; $5 250 el siguiente y un bono adicional de $5 000 al aumento *normal* en el tercer año a cambio de la promesa de no renunciar en ese tiempo. Propuso que el departamento de recursos humanos hiciera un contrato para que ambos lo firmaran. Él estuvo de acuerdo con esos términos. Ambos se dieron la mano y se fueron de la reunión con una sonrisa.

Palmira tuvo éxito en esta negociación porque escuchó que este año no había dinero (pero el próximo sí), porque tenía un plan y no se dio por vencida la primera vez que enfrentó un "no" y porque descubrió que mi cliente la valoraba como empleada y quería mantenerla, pero no sabía cómo resolver lo que ella pedía.

Le vendió a su jefe un aumento de más de $12 mil y entendió lo que él quería y lo que estaba dispuesto (y no) a hacer. Le vendió la oportunidad de retenerla sin su aumento de $7 500 de este año. Ambos obtuvieron lo que querían y un poco más. Cerró una venta.

Mi tía sureña solía decir que Dios nos dio dos orejas y una boca por una razón: escuchar el doble de lo que hablamos. Eso nunca es tan cierto como cuando tratas de que alguien te dé lo que quieres. Necesitas esforzarte para escuchar qué puedes hacer por alguien para que haga algo por ti o por qué te dice "sí", "no" o "tal vez".

La mayoría de las personas sólo medio escuchan. Nos distraemos. Interrumpimos la conversación para revisar el teléfono. Pensamos lo que queremos decir mientras la otra persona está hablando.

Así que sólo si escuchas de manera consciente puedes entender cómo satisfacer las necesidades de alguien más. Y si no puedes ayudarlo de alguna manera, disminuyen las oportunidades de que él o ella te auxilien.

TIP PROFESIONAL

Escuchar es el secreto de vender lo que sea.

Debes hacerlo antes de siquiera pronunciar una palabra, antes de pedir lo que quieres, antes de saltar a cualquier conclusión.

De hecho, lo que digas debe ser una respuesta a lo que escuchas. No tiene que ser un discurso ensayado que sólo tiene en cuenta lo que tú quieres. Debes dirigir lo que dices hacia cómo ayudar a la otra persona. No puedes tomar ese camino si no sabes lo que necesita.

Escuchar te dará las pistas. Pon atención a lo siguiente: ¿La persona está de buen humor, suficiente como para decir "sí" a tu petición? ¿Es buen momento o sería mejor después? ¿Hay algo que puedas hacer o decir que aumente las probabilidades de que la otra persona te ayude?

Escucharás si hay alguna razón (o no) por la que la otra persona quiera ayudarte con una tarea específica. Poner atención te auxiliará a juntar la información que requieres para que, cuando sea tu turno de hablar, digas lo necesario. Pedirás de manera correcta.

Si escuchas antes de hablar, lo que digas será una respuesta que abordará lo que la otra persona ya mencionó. La plática será acerca de ella, no de ti. Y sabrá si tienes algo que puede ayudarle o satisfacer una necesidad de la que te diste cuenta porque te preocupaste lo suficiente por escuchar.

Cuando escuchas, generas un buen ambiente, sentimientos cálidos y confianza. Es simple: escucha primero y después responde. En ese orden. Muchos vendedores profesionales son terribles con esto. Y, como resultado, no son exitosos.

Algunos son demasiado agresivos. Te llenan el oído con sus productos o servicios, aunque no tienen ni idea si los quieres. Te dicen por qué debes comprarlo, pero en realidad no saben si lo necesitas.

Que escuchar sea la primera cosa que haces, aunque te mueras por decirles a las personas cómo pueden ayudarte. Es el secreto de obtener lo que quieres: un nuevo cliente, una segunda reunión, un trato, un aumento, un cuarto de hotel más grande, una cita con un gerente ocupado.

Escucha en serio. Hazlo para entender, para empatizar y porque tienes un interés genuino.

El secreto de mi éxito en las ventas: de verdad me importa lo que dice la otra persona. El secreto de mi éxito como consultora y entrenadora de ventas: de verdad me importa ayudar a mis clientes.

- No escucho porque debo, sino porque quiero.
- Soy curiosa por naturaleza y en serio me interesa ayudar a la gente.
- Y la gente confía en mí. Generar confianza es la manera de llegar a un "sí".

Generar confianza significa que los clientes crean que nunca les voy a vender algo que no quieren o necesitan. Ése es mi compromiso con ellos. Es mi marca personal.

Si pretendes que estás interesado, la gente se dará cuenta. Tus ojos, el tono de tu voz y tus respuestas revelarán que finges.

Si escuchas una historia con la que puedes identificarte, hazlo. Empatiza. Comparte la tuya para que la otra persona sepa que en serio la entiendes.

Si alguien está molesto y agotado después de un largo día de escuchar quejas de clientes frustrados, recuerda cuando te pasó lo mismo. Dile que has estado ahí. Que tú no vas a quejarte. Que hace un gran trabajo al manejarlo.

Tal vez es la recepcionista de un hotel, de la empresa donde tienes una reunión, del restaurante donde llevarás unos clientes a almorzar o el técnico de tu compañía al otro lado de la línea. No importa quién sea o lo que tú necesitas, primero escucha, después responde y empatiza.

Las mejores prácticas:

- **Dar.** Después recibir.
- **Pedir.** No exigir.
- **Primero escuchar.** Después responder.
- **Ser auténtico.** Generar confianza.

Observar

En la actualidad esta historia es divertida, pero no lo fue el día que mi amiga Zoe tuvo la oportunidad de su vida de conseguir un inversionista para la empresa que acababa de empezar de oficinas compartidas.

Una emprendedora nata, Zoe pasó décadas trabajando para *startups*, aprendiendo el teje y maneje de crear un negocio de la nada. Cerca de seis meses antes, abrió una pequeña oficina y reclutó un puñado de abogados, trabajadores a distancia y otros profesionales para rentar escritorios, ayuda administrativa, servicios de fotocopiado o recepcionista.

La aventura tuvo éxito y quiso expandirse, así que se acercó a inversionistas y después de recibir más o menos una docena de "no, gracias" como respuesta, por fin obtuvo un poco de interés de una conocida y bien financiada empresa de riesgo capital.

Agendó su junta para el viernes en la mañana. El chico apareció con una resaca colosal. Se frotaba los ojos, tomaba agua y una aspirina tras otra como si fueran mentas. Dijo que no se sentía muy bien, pero la alentó para que hiciera su presentación.

Aunque fue muy difícil, Zoe dijo que no. Sabía que ésta era su gran oportunidad, pero no lograría nada hablando con él en su condición. De manera educada, pero firme, Zoe le dijo que notaba que él no se estaba sintiendo bien y sugirió que agendaran de nuevo para una mañana donde él pudiera estar menos distraído. Él, un poco molesto, aceptó que tenía razón. No era el momento para esta discusión. Él no estaba en condiciones de escuchar o negociar.

Zoe lo llamó el siguiente lunes para hacer otra cita. Avergonzado, se disculpó por su comportamiento diciendo que había tenido gripa y accedió a una segunda reunión.

Evaluar a una persona y las circunstancias en las que te encuentras es un paso importante antes de hablar de negocios, pedir un favor o un aumento. A veces no es buen momento.

Hay ocasiones en las que la persona no tiene la autoridad para decir "sí" o en las que tú ya sabes que la respuesta será "no". Antes de siquiera pedirle algo a alguien, evalúa a la persona y la situación. Cambia el plan si piensas que no saldrá bien.

Ahora ya sabes que el proceso para obtener lo que deseas (que yo llamo venta) no sólo se trata de ti. Se trata de entender cómo lo que vendes puede ser valioso para el otro; de descubrir qué tienes que puede ayudarle. Es un intercambio. Se trata de crear una ganancia para ambos, para ti y para la persona que esperas te ayude.

Así como escuchar te ayuda a descubrir lo que puedes hacer por alguien más, evaluar te ayudará a determinar cuándo y cómo preguntar. Éste es un paso importante. Pocas cosas son más decepcionantes que escuchar un "no" porque preguntaste en un mal momento o a la persona incorrecta. Es un paso que refuerza el concepto clave de mi proceso de venta en cinco pasos para vendedores no profesionales: vender se trata tanto de dar como de recibir.

Pon atención a lo que hacen las personas antes de que decidas pedirles algo: ayuda, un favor, una cita, un aumento o lo que sea. Y date cuenta de que, cuando se trata de cómo acercarte a alguien con una solicitud, no todos somos iguales.

Daniela supervisaba un equipo de ocho personas. En realidad, necesitaba ayuda con su estilo de gestión. Tenía una oficina con puerta y cada uno de sus empleados trabajaba en un cubículo cercano. Era una persona determinada. Cuando tenía una tarea se enfocaba en ella y no alzaba la cabeza hasta terminarla. Si tenía un día ocupado iba directo del elevador a su oficina y cerraba la puerta para trabajar sin interrupciones.

El problema con esa rutina, desde luego, era que se suponía que debía supervisar a ocho personas. Con la puerta cerrada y sus ojos en la computadora, no les ponía atención. Ni siquiera les decía: "Buenos días", cuando pasaba hacia su oficina. Muchas veces, necesitaban su apoyo, pero casi siempre tenían miedo de interrumpirla cuando estaba en su oficina. Observaron que parecía molesta y demasiado ocupada cuando lo hacían, pero en serio la necesitaban.

Así que el equipo se juntó e hicieron un plan. Alex (el miembro con más experiencia del equipo y a quien Daniela apreciaba y le tenía confianza) se le acercó para explicarle el problema y sugerir un sistema. En los días cuando los chicos sintieran miedo de acercarse por su actitud, Alex tocaría a la puerta y preguntaría: "¿Estás bien?" Ése sería el código para: "¿Por qué no hablas con nosotros? ¿Hicimos algo mal? ¿Está bien si venimos a pedirte ayuda el día de hoy?"

Desde entonces, el equipo evaluó a Daniela de esa manera. Si alguien necesitaba ayuda, tenía una pregunta, queja o alguna razón para interactuar con ella en sus *días de concentración*, Alex tocaba la puerta para preguntar si estaba bien. Y ella le informaba si acercarse era seguro para los demás.

El punto es que no tiene sentido acercarse a alguien para pedir un favor si la persona no está de humor para escucharte. Primero evalúala.

TIP PROFESIONAL

Es importante conectar con tus compañeros de trabajo, y ser accesible es crucial para eso. Cuando la gente se siente segura y sabe que puede ser ella misma a tu alrededor, se genera confianza.

Ah, por cierto, si Daniela fuera una de mis clientas, la capacitaría para ser más accesible. A veces, si eres un buen observador, puedes cambiar el humor de alguien de tenso a cooperativo.

Hace poco reservé cinco noches en un hotel para un viaje de negocios. Cuando llegué, una recepcionista estaba tras el escritorio y había cerca de 15 personas en la fila para registrarse. Esperaba convencerla de cambiar mi cuarto a uno más grande y con cocineta. Así que evalué la situación. Con 15 personas antes que yo, lo más probable es que cuando llegara ante ella se encontraría cansada y frustrada. ¿Qué podría hacer para que me dijera "sí"? ¿Valdría la pena intentar?

Observé que tenía una hora pesada, estaba agotada, estresada y casi no hacía contacto visual con los clientes. Como Daniela, tenía la cabeza abajo y se concentraba en registrar personas lo más rápido posible. Parecía estar de mal humor.

Tal vez no debía pedir nada, pero pensé en intentarlo. Sabía que debía hacerlo de manera amable, pues no me gusta ser grosera. Eso no me va. No exijo. Y no hago que se trate de mí. Esto se trataría de ella.

Era mi turno.

—Se ve que te traen súper ocupada —dije.

—Sí, es una tarde bastante movida —respondió.

—Eres muy buena para manejarlo, muchas felicidades. Si yo fuera tú, ya estaría gritando.

—Ganas no me faltan, pero debo contenerme.

—Eres mejor mujer que yo.

Ella sonrió. Le devolví la sonrisa.

Creo que necesitaba un momento de tranquilidad. Eso requería de mí. Su estado de ánimo mejoró.

—Me quedaré aquí cinco días, seguro nos veremos muy seguido —comenté y ella me sonrió de nuevo.

Le pedí el *upgrade* a la otra habitación. Le pedí que lo hiciera por mí. Le mostré que sabía que tenía la autoridad y que me haría un gran favor. Y, de hecho, dijo "sí". Pero aunque no hubiera sido así, al menos lo intenté.

Si no hubiera sido capaz de hacerla sonreír, no le hubiera pedido nada extra. Tal vez hubiera esperado hasta el cambio de turno para hablar con otra recepcionista, una que no llevara ocho horas registrando clientes, para que me ayudara.

Se trata de evaluar las cosas. He aquí cómo:

- **Observa antes de hablar.** Toma unos minutos para evaluar la situación, el humor de la persona y tus oportunidades para obtener un "sí".
- **En serio, haz que se trate de la otra persona.** Haz pláticas breves sobre la persona y sus circunstancias.
- **Considera lo que puedes *intercambiar*.** ¿A la recepcionista le sirve un halago? ¿El reconocimiento por lo duro que trabaja y lo bien que lo hace? ¿O un encuentro con alguien que sólo sea amable con ella? Aunque no acceda a la mejora gratuita de la habitación, tal vez ya le hiciste el día. Eso es una gran recompensa.
- **Revisa el lenguaje corporal de la persona.** ¿Sonríe de manera auténtica o fingida? ¿Hace contacto visual? ¿Parece interesada en ayudar a los huéspedes o sólo en sacarlos del lobby?
- ¿Es el mejor momento para pedir? ¿Parece que la persona tiene un mal día? ¿Hay mucha gente esperando?
- ¿Es la persona correcta para tu solicitud? Pedir a la persona incorrecta no te dará lo que deseas.

Puedes evaluar a las personas cada vez que tienes la oportunidad de *vender* en una situación de negocios o personal.

Hablar

Escuchar y observar antes de hablar hará que lo que digas tenga mucho más significado y relevancia. Pero es posible que debas iniciar la conversación. Tus oportunidades de hacer una venta informal para ti o tu empresa a menudo surgirán cuando hables con un extraño o con alguien que no conoces bien. Así que, a modo de introducción, debes hacer una breve plática.

Yo las amo, al menos en dosis pequeñas. La gente me dice que nunca conozco a un extraño y que puedo hablar con quien sea de lo que sea. Creo que es porque en serio me da curiosidad la gente y sus historias. Platico con las personas en la tienda, en la fila de Starbucks, en el aeropuerto, en el elevador, en todos lados. Cuando abordo un taxi, me siento adelante, junto al chofer, para que podamos platicar durante todo el viaje. Hablo con las personas en las comidas del trabajo y en las fiestas. Para ser sincera, de esa manera obtengo muchos negocios para mi empresa. Y es así porque le pido a la gente que me cuente su historia y les cuento la mía. Para generar confianza, debes escuchar y observar. También necesitas hablar.

Mi estilista es un maestro de las pláticas breves. Lo conocí en el aeropuerto. Tengo el cabello largo, rubio y rizado. Esperaba en la fila para abordar el avión a casa, me acababa de mudar a San Francisco y me preguntó quién teñía mi cabello.

Sonreí. Es natural.

Me dijo que era estilista y me dio su tarjeta. Hablamos de San Francisco y le conté que aún no conocía a nadie. Me respondió: "Ahora ya conoces a alguien". Desde hace 14 años es mi estilista. Y mi amigo.

Hablar te ayudará a generar confianza y seguridad, aun con los extraños. Entre más rápido aprendas a platicar con la gente que no conoces, más rápido encontrarás tus oportunidades para expandirte.

Hace poco fui a un congreso y feria comercial donde un colega y yo terminamos en una recepción con 300 participantes. A mi amigo le incomodan esas situaciones, así que buscó un asiento y se quedó ahí durante una hora bebiendo un vaso de vino mientras yo hacía rondas.

Al final de la tarde tenía como una docena de tarjetas de presentación de la gente con la que platiqué sobre mi empresa y las suyas. Hice unas cuantas llamadas de seguimiento cuando regresé a trabajar y dos semanas después una de esas personas contrató mi firma para ayudar a los miembros de su equipo, que no son vendedores profesionales, a captar más negocios al reconocer oportunidades de hacer ventas informales.

Mi amigo no recolectó tarjetas, así que no tuvo nadie a quien dar seguimiento. Todo lo que sacó de esa recepción fue un vaso de vino.

Claro, se necesita más que una plática breve para generar confianza. Pero las charlas informales pueden iniciar una conversación que llegue a una relación productiva de negocios. Es lo primero que hay que hacer.

Así que da el primer paso: habla con un extraño. No tienes que platicar de nada importante ni de cosas personales. Haz un comentario sobre lo mucho que ha llovido últimamente o lo larga que es la fila para el café el día de hoy. Di algo de los bonitos zapatos de alguien o pregunta dónde compró su mochila.

No importa cuál sea el tema, necesitas hablar. La próxima vez que veas a la misma persona, platica sobre algo más sustancial para que poco a poco puedas tener una conversación más profunda. Con el tiempo se conocerán y confiarán uno en el otro, lo cual llevará a una relación buena para ambos.

Construir confianza inicia con un simple "Hola". ¿Demasiado tímido para intentarlo? Practica con un amigo o haz pláticas breves con gente que ya conoces.

Comportamiento

Sin importar cuánto le agrades a un colega o cliente ni cuánto quiera hacer negocios contigo, esa conexión puede romperse si desarrollas (o ya tienes) una mala reputación. En el mundo actual de las redes sociales nada de lo que hagas en público se mantendrá privado, así que cuida lo que haces y dices. Y con tantas reseñas, tampoco permanecerá privado nada de lo que digas o hagas con un cliente. Así que trátalos con cortesía y deja una buena impresión con un trabajo impecable.

Quiero que la gente sea linda conmigo, así que mi aspiración es ser amable con todos, todo el tiempo. La impresión que doy, espero, es la de ser amigable. Crecí en el sur de Estados Unidos, donde todos son simpáticos. La hospitalidad sureña es real.

Mis clientes reconocen mi amabilidad con referencias, recomendaciones y comentarios positivos en internet. Lo aprecio. Y también reconozco a los vendedores y proveedores de servicios con los que colaboro cuando publico buenas reseñas sobre ellos en la web.

Hago muchas evaluaciones, al igual que mucha gente. Y soy muy honesta con mis experiencias. También leo los comentarios en internet de los productos o servicios antes de escoger casi cualquier cosa, desde un restaurante hasta un doctor.

Hace poco publiqué una evaluación de cinco estrellas en Yelp mientras aguardaba en la sala de espera de mi nuevo oftalmólogo. Lo conocí de manera breve cuando fui al consultorio. Estrechó mi mano y se presentó. Me dijo que lo llamara Tim en lugar de *doctor* y le respondí que me llamara Cindy. Mencioné sus buenas calificaciones de Yelp y bromeó diciendo que se tardó mucho en escribirlas todas.

Era amable, hospitalario y divertido, no precisamente lo que esperaría de un oftalmólogo o todos los que trabajan en un ocupado consultorio. Desde entonces se los recomiendo a todos. No es un vendedor profesional, pero me convenció de escribir una buena reseña y hablar de él con mis amigos. Eso es vender.

Sé consciente de cómo tratas a los clientes y a todos los demás. Ahora mucha gente escribe reseñas y tienen un impacto. Muchas personas, como yo, confiamos en ellas para decidir cuáles negocios usar y cuáles evitar.

La manera en que el doctor trata a sus pacientes (y tú a tus clientes) se trata de ventas, aunque no seas un vendedor profesional. Los profesionales que saben que hacen un buen trabajo nunca se preocupan por las reseñas de internet.

Un remodelador de casas que conozco alienta a sus clientes a publicar evaluaciones. Defiende su trabajo de calidad y confía en que publicarán comentarios positivos, así que envía un correo electrónico a cada cliente con enlaces de Angie's List, Yelp y otros sitios de evaluación al final de cada trabajo.

En 2015 una encuesta de Google reveló que las evaluaciones en línea influyen en la toma de decisiones en más de 67%. Eso significa que más de la mitad de los encuestados dijo que las reseñas son una parte importante en su toma de decisiones. Antes, cuando un cliente tenía una mala experiencia, les decía a unos pocos amigos y miembros de su familia, pero ahora puede decirle a todo el mundo en cuestión de minutos.

Sé consciente de tu presencia en internet, porque afecta tu reputación. Y si tu negocio aún no la tiene, procura hacerla. Dejas negocios en la mesa si no tienes un sitio web y redes sociales activas.

Marca personal

Trabajar duro no es la única manera de crear una buena reputación. También tienes una marca personal. No importa qué tan buena sea tu reputación (o cuánto te tardaste en hacerla) puedes arruinarla en un parpadeo, junto a tus oportunidades de tener éxito. Si publicas algo que no te favorece, se puede esparcir de manera rápida. Si alguien te graba con un mal comportamiento, eso también puede irse a las redes sociales y no hay forma de detenerlo.

Vigila tu comportamiento, comentarios y publicaciones en redes sociales con esto en mente: incluso las publicaciones más privadas tienen manera de volverse públicas. Nunca terminas de crear tu reputación y es tu activo más valioso.

¿Qué tipo de reputación te has creado? ¿La gente cree que eres amable, confiable, honesto, trabajador, divertido? ¿Te ven como alguien que ayudaría a un amigo o un colega siempre que pueda? ¿O tienes una reputación de maltratar, desquitarte y regañar a tu personal? Tu reputación es tu decisión. Es tu marca personal.

Un consejo: vuélvete el tipo de persona que los demás quieren ayudar. El que hace fácil para los clientes, colegas, jefes y otros decir "sí".

PASO TRES EN ACCIÓN
VENDER MÁS

Tal vez no estés en ventas de manera formal, pero apuesto que has tenido momentos en que piensas que puedes hacer un mejor trabajo que los vendedores profesionales con los que interactúas. Todo el tiempo encuentro vendedores no profesionales que venden más que los que sí lo son porque son más agradables. O porque escuchan. O porque ponen atención. O porque les interesa.

¿Te ha pasado que tu computadora o tu smartphone siempre se descompone cuando más los necesitas? ¿Como cuando estás contrareloj para sacar una entrega importante? ¿O cuando planeas un viaje y necesitas llevarlos contigo?

Justo me sucedió la tarde previa a mi vuelo de San Francisco a Nueva Orleans para dar un discurso en un congreso de proveedores de cuidado personal. Después de todo los doctores también son vendedores.

Eran las 3:30 p. m. Acababa de terminar mi guion de discurso y planeaba pasar el resto del día ensayando. Empacaría para el viaje al atardecer y me iría a dormir temprano para poder llegar al aeropuerto a tiempo. Presioné *guardar*. Exhalé. Y entonces vi la aterradora pantalla azul de la muerte.

Mi guion. Mi discurso. Mis planes. Mi tarde. Todo se fue en un segundo.

Por suerte, tenía una suscripción en Best Buy Geek Squad, el equipo *geek* de Best Buy, así que tomé mi computadora y corrí con ellos. El técnico del mostrador me dijo que tal vez era la tarjeta madre. Aunque seas una analfabeta como yo en cosas de computadoras, sabes que no es bueno escuchar eso.

"No, no, no, no, no", dije. Le expliqué mi problema. No me interesaba si podía salvar la computadora. Sólo necesitaba mi guion, algunos otros documentos importantes y una laptop nueva.

El técnico, que no es un vendedor, hizo lo siguiente: localizó a un vendedor del departamento de computación, le explicó que tenía prisa y describió de forma exacta lo que yo quería (el mismo modelo de computadora que el anterior). Dijo que intentaría salvar mi discurso mientras compraba la laptop.

No podría decir cuánto aprecié a este chico, pero el vendedor lo arruinó por completo. Empezó a mostrarme un montón de laptops y a explicarme las características de cada una. Le dije que no tenía tiempo para eso y que estaba feliz con mi equipo anterior y sólo quería remplazarlo por el mismo modelo.

Pero se siguió vendiendo y yo ya estaba enojada. Así que le dije: "Ey, sé que es tu trabajo, pero por favor detente. Tengo prisa. Ya sé lo que quiero". Tuve que venderle al vendedor para que hiciera lo que yo quería, que se apresurara y me dejara comprar la computadora. Irónico, ¿cierto?

Por fin me dio mi laptop, se la llevé al técnico y le rogué que se apurara. De manera breve me explicó que si compraba un tipo específico de garantía, podría mover más rápido los datos congelados de mi computadora descompuesta a la nueva.

—¿Quiere comprar la garantía? —preguntó.

—¡Sí! —respondí.

Confié en él porque me escuchaba, entendió lo que requería y pudo ver que estaba estresada y con prisa. Hizo todo lo que pudo para darme lo que necesitaba. Ya eran más de las 4:00 p. m. y su turno terminaba a esa hora. Prometió quedarse hasta resolver mi problema.

No había nada que pudiera hacer en la tienda así que me fui a casa y empaqué. Fiel a su palabra, me llamó a las 6:30 p. m. y me dijo que regresara. Transfirió todos mis datos de la laptop descompuesta a la nueva, no sólo mi discurso.

El compromiso de este técnico por resolver mi problema es lo que me vendió. No el vendedor, que hizo un trabajo horrible, sino el no vendedor, que convirtió un momento frenético en un problema resuelto. En el proceso, creó un cliente de por vida.

He tenido un par de experiencias similares con no vendedores que venden mejor que los representantes de ventas formales.

Mi esposo y yo acabábamos de remodelar nuestro departamento en San Francisco. Si alguna vez has hecho una remodelación mayor en casa, seguro sabes que cualquier cosa que pueda salir mal, en efecto, sale mal. Déjame contarte algunas historias.

Me sentí un poco abrumada cuando tuve que escoger el granito para la cocina. ¡Hay demasiadas opciones! Como resultado, retrasé mi compra. Se suponía que los colocadores vendrían en una semana y yo aún no escogía la placa. Necesitaba tomar una decisión ese día.

Tenía una cita con el vendedor de la tienda de cocinas. Cuando llegué, me pidió esperar un momento en lo que terminaba con otro cliente. Otra mujer, a cargo de la coordinación de entregas entre la tienda y los dueños de las casas, escuchó la petición y se me acercó. "¿Por qué no viene conmigo? No tiene que esperar. La ayudaré". Le dije lo abrumadora que me resultaba la selección de la placa.

En serio me escuchó. Se sentó y me preguntó qué tipo de colores y patrones me gustaban: claros u oscuros, por ejemplo. Atrevidos o sutiles. Después, sacó ejemplos de la pared del *showroom* y me mostró sólo dos a la vez. Si escogía uno me preguntaba qué me gustó de él. Si no me gustaba, quería saber por qué. Y me escuchó.

Esa información le dio algo para trabajar. Entre más pares de mosaicos me enseñaba, más me acercaba a lo que quería comprar. Me sentí tan cómoda con ella. Dejé de sentirme estresada. Sentí confianza. Tiendes a confiar en las personas que se toman el tiempo de escucharte con atención. Y, de hecho, cuando dijo: "¿Confiarías en mí con algo?" Respondí: "Claro que sí".

Regresamos al almacén y sacó una placa de cuarzo. Estaba ahí para comprar granito, pero en el momento que vi el cuarzo, lo quise. Lo gracioso es que no tenía idea de lo que quería cuando entré a la tienda. Pero esta coordinadora de entregas, después de pasar 20 minutos conmigo, parecía saberlo con certeza.

Y también comprendió que lo necesitaba ese día, así que no se molestó en tratar de venderme algo que tuviera que ordenar. Conocía su inventario y sabía cuál era la pieza perfecta para mí.

Así fue. Lo hizo. La compré de inmediato. Y por si no fuera suficiente, me acompañó a la caja y le pidió al empleado que me hiciera 20% de descuento de diseñador.

¡Vendido!

Por Dios. Ni siquiera está en el área de ventas. De manera formal. Pero de manera informal, sabe que lo está.

De inmediato escribí una brillante reseña en Yelp para la empresa y esta nueva amiga genial. Les conté de ella a todos los contratistas que trabajaban en mi departamento. La recomendé con al menos una docena de amigos y colegas. Y sé que uno de ellos ya le compró y publicó una evaluación en Yelp.

Eso pasa cuando alguien que no es un vendedor formal entiende que todos los trabajos… ¡son de ventas!

Una historia más de mi proyecto de remodelación y ya. Si alguna vez has renovado tu casa, sabes que las historias de terror son infinitas. Nuestro departamento es súper acogedor y por súper acogedor me refiero a que es muy pequeño. La mayoría de los departamentos de San Francisco lo son. Así que teníamos que amueblarlo con cosas acordes al tamaño. Ésta es la historia de un par de colegas: una vendedora profesional y una no vendedora que salvó el día. Tal como tú puedes hacerlo.

Buscaba las sillas perfectas para la nueva mesa que compré para nuestro pequeño comedor.

Así que fuimos a la tienda de muebles y le conté a la vendedora que nos encontró en la puerta lo que buscaba. Le enseñé una silla de la tienda que me gustó, pero quería un asiento tapizado en lugar de uno duro y de madera y quería un respaldo bajo en un acabado de una madera específica. Le enseñé una imagen. Simple. ¿Cierto?

Desde el primer momento, sentí que no me escuchó. Empezó a enseñarme una docena de sillas de madera de todos los tipos, desde las más oscuras hasta las más claras. Aunque yo ya había decidido la madera. Se lo dije desde el principio.

Después nos llevó a las mesas de café y habló sobre todos los tamaños que ofrece la tienda. Fastidioso. Cuando mencionó que la tienda ofrecía servicios de diseño gratis a sus socios, le pregunté cómo obtener la membresía y la compré en el acto. En ese momento, hubiera hecho lo que fuera para alejarme de ella.

No compré la membresía porque fuera buena vendedora, sino para no tener que lidiar con ella. Quería hablar con un diseñador que me escuchara. Y obtuve lo que pagué.

La diseñadora escuchó mi lista de requerimientos para las sillas, entendió que el tamaño era importante. Hizo algunas preguntas, como si prefería un estilo rústico o contemporáneo. Dijo que la tienda tenía múltiples opciones de cada una en los acabados de madera preseleccionados.

Cuando le comenté mi preferencia por las sillas con respaldos bajos, dijo que la lista se reducía de manera considerable: la tienda sólo tenía dos modelos con esa característica. Fue fácil escoger entre ellas, al instante me gustó una más que la otra. ¿Era tan difícil?

La irritante vendedora trataba de hacer que llevara más cosas por su comisión. La diseñadora trataba de entenderme bien para poder darme lo que en realidad quería. De hecho, cuando la vendedora regresó a ver cómo íbamos, de manera educada le dije que la diseñadora ya se hacía cargo de mí.

Compramos cuatro sillas para la mesa y dos para la recámara. El mismo día adquirimos también la recámara y algunas mesas accesorias. Conseguimos todo eso por la diseñadora. Si nos hubiéramos quedado con la vendedora, habríamos salido de la tienda con las manos vacías y muy frustrados. Estoy segura.

La diseñadora me escuchó. La vendedora no. Me dio cero confianza. Sentí que me presionaba a comprar cosas que no quería. La diseñadora que sí puso atención obtuvo la comisión. Y nosotros los muebles que queríamos.

Aunque no tengas ni un día de entrenamiento en ventas, puedes hacerlo mejor que los profesionales si escuchas lo que el cliente, consumidor, colega, jefe o amiga dice que quiere y necesita. Demuéstrale lo que tienes que satisfaga esas necesidades. Y si no tienes nada, dilo.

Me he alejado de un millón de ventas porque no tengo el producto o servicio que cubrirá las necesidades de las personas a las que trato de vender. Y me he alejado de un millón de vendedores que tratan de venderme productos y servicios que no satisfacen mis necesidades. Vende a la gente lo que necesita, no lo que tú necesitas o quieres que compre. Sólo sabrás lo que requiere si escuchas.

Antes de que mi esposo y yo volviéramos a la costa este de Estados Unidos, necesitábamos almacenar algunos de nuestros muebles y equipos que no queríamos transportar con nosotros por todo el país. Busqué y busqué un servicio de almacenamiento y no creía mi suerte cuando encontré uno que no nos haría llevar nuestras cosas a una bodega de almacenamiento y regresar a revisarlo todo cuando necesitáramos sacar algún artículo.

En lugar de eso, la compañía de mudanzas Clutter vino a nuestro departamento, empacó lo que queríamos almacenar y se lo llevó. La empresa mantuvo un inventario detallado con fotografía de todo lo que guardamos, por si acaso necesitáramos algo al azar en algún punto. Cuando regresamos, la compañía trajo todas nuestras cosas al departamento en menos de 24 horas. Los mismos chicos que se llevaron todo dos años antes también se ocuparon de nosotros esta vez.

Después de instalarnos, nos dimos cuenta de que no nos habían entregado nuestros esquís. Así que llamé a la compañía. La persona que contestó el teléfono (algo así como un agente de tránsito para los departamentos perdidos, pero en definitiva no un vendedor) revisó el inventario y no vio que se mencionaran unos esquís. Lo que hizo después nos volvió clientes de por vida.

Esperaba que la empresa negara tener nuestro equipo. No había registro de ellos. Estaba preparada, y antes de que eso sucediera, le señalé que empacaron nuestra ropa de esquiar, cascos y postes. Así que es muy obvio que tenían nuestros esquís. Pero nadie lo negó. Al contrario, la gente de la compañía dijo que los buscaría y que, si no los encontraban, nos los pagarían.

Generaron confianza en nosotros al escuchar nuestro lado de la historia. Pero mi confianzómetro llegó a lo más alto cuando nos garantizaron que los pagarían si no los encontraban. Nunca nos acusaron de mentir, ni dudaron de nuestra palabra, ni negaron tener los esquís o discutieron con nosotros. Y los encontraron. Los chicos olvidaron ponerlos en el inventario, pero sí los llevaron a la bodega. Querían ganar nuestra confianza, así que actuaron de manera confiable.

Ya no necesitamos un servicio de almacén, pero les conté esta historia a todos mis amigos y colegas y algunos también contrataron a la empresa. Y puedes apostar que si necesitamos un almacén de nuevo, nuestra primera y única opción es Clutter.

Mi confianza en la gente de ahí ganó mis recomendaciones para la empresa.

7

Paso cuatro
Pedir lo que quieres

Una de las cosas más difíciles para las personas es pedir lo que desean. Aunque en serio lo necesiten, lo merezcan o lo quieran más que nada. Incluso si venden para vivir.

Ésta es la verdad: si quieres algo (lo que sea) es más probable que lo consigas si lo pides que si no. Las personas no pueden leer tu mente. No saben lo que quieres a menos que lo digas. Aunque parezca obvio.

Conozco a un agente de bienes raíces (o mejor dicho exagente) que nunca pudo cerrar una venta. Este chico era genial al hablar con personas y enlistar sus bienes. Tenía muchos clientes a los que les enseñaba las propiedades y ellos lo adoraban, pero no vendía nada. ¿Por qué? Porque nunca fue directo con sus clientes ni les pidió que compraran una casa. Esperaba a que ellos dijeran que querían comprar, pero eso rara vez sucedía. Así que sólo siguió mostrándoles casa por casa y nunca cerró los tratos porque los clientes esperaban que él preguntara. Como resultado, no hizo nada de dinero y ya no es agente de bienes raíces.

¿Has notado que cuando hablamos de obtener un favor, un aumento, una promoción o un buen acuerdo usamos la palabra *pedir*? Pedimos un favor. Pedimos un aumento. Pedimos una promoción. Pedimos un descuento. El motivo de esto es que debes pedirlo o no lo obtendrás.

Después de años como comunicadora profesional, profesora, consultora y vendedora, observé que no pedimos lo que queremos por tres razones principales:

1) Nos da miedo el rechazo.
2) No sabemos cómo pedirlo.
3) No creemos merecerlo.

En este capítulo, "Paso cuatro: Pedir lo que quieres", te mostraré por qué es tan importante ser capaz de pedir una venta, un favor, una promoción, un aumento, una referencia o lo que quieras. Sugeriré formas de superar tu miedo y de armarte de valor para pedir. Y te daré algunos consejos útiles que tal vez te enseñen cómo hacerlo de manera correcta. Lo más importante, espero mostrarte que, en serio, mereces tener en la vida todo lo que quieres y necesitas.

Miedo

La mayoría de las personas le tiene pavor al rechazo, a tal punto que prefieren prescindir de las cosas que pedírselas a alguien que tal vez diga "no".

Esto lo demostró un estudio de la Universidad de Stanford. Descubrió que la mayoría de los humanos piensa en automático que la respuesta a una petición será "no". Sobre todo, si la persona ya nos dijo "no" en el pasado. Este estudio también reveló algo más: los individuos a los que se les pide se sienten culpables de decir "no", en especial si ya te han dicho "no" antes.

Parece que nuestro instinto está mal cuando se trata de pedir. Verás, cuando solicitamos un aumento, una referencia o un favor, sólo pensamos qué tanto nos imponemos a la otra persona. Nos preocupa que se sienta presionada o incómoda, que no tenga tiempo de ayudarnos o que tal vez le cueste dinero hacer lo que pedimos. Nos da miedo pedir demasiado, aunque sea algo que puede hacer de manera razonable o que, incluso, le agrade.

Así que mejor no pedimos. Por temor. Pero, al mismo tiempo, la persona al otro lado de la petición también está preocupada. Le asusta lo que pienses de ella si dice "no". Le angustia hacerte enojar, lastimarte o dejar de agradarte. Está atrapada pensando en lo incómodo que será negarse y no quiere ofenderte.

No asumas que la respuesta será "no". Espera un "sí" ¡y ve lo que pasa!

En serio siento que muchas personas de verdad quieren ayudar a otros. Así que ve y dales la oportunidad de hacerlo. Pide su ayuda sin suponer la respuesta.

Una persona a la que tuve que convencer de que pedir no es tan difícil es mi amigo Peter. Es una súper estrella en el trabajo. Llega temprano, se queda hasta tarde, se concentra, tiene buenas ideas y resuelve los problemas. Ama lo que hace, su jefe lo adora y considera que todos sus compañeros son sus amigos.

Pero también sabe que le pagarían al menos un tercio más si se va con la competencia y sospecha que algunos compañeros de su empresa actual ganan más que él. Aun así, no pedirá un aumento y no ha recibido más que el incremento de la inflación en los últimos cinco años, igual que todos los demás. Esto es porque cree que su jefe sabe lo bueno que es y debería ofrecerle un aumento por eso.

Pero a cada rato le explico que, en la realidad, así no funcionan las cosas, le pregunto: "¿Tus papás te dieron más dinero cada año cuando eras niño? ¿O tuviste que pedírselos?"

Sabe que necesita hacerlo, pero no se anima. Le aterra demasiado. Y no escuchará un "sí" hasta que no pregunte. Es un círculo vicioso.

Mi amiga Annamarie es una diseñadora web que trabaja como freelancer, tiene una maestría y un gran currículum de trabajos de alto rango en la publicación de casas editoriales. Cuenta la historia de un cliente potencial que la llamó para ofrecerle un interesante trabajo. El cliente y Annamarie se llevaron bien durante la llamada, hicieron una lluvia de ideas sobre el proyecto y al final estuvieron de acuerdo en trabajar juntos. Entonces el cliente le dijo: "Es un trabajo de $25 por hora".

Annamarie, que por lo general cobra $100 por hora, no se desmotivó. Parece que la gente subestima el trabajo que hacen los diseñadores, la mayoría porque no entiende lo que implica. De hecho, recibe muchas llamadas de posibles clientes que ofrecen incluso menos, algunos pagan el salario mínimo. Por supuesto, los rechaza a todos.

Esta vez tuvo tres opciones: Decir "sí", "no" o negociar algo entre $25 y $100. Podría dejar que el miedo gobernara su decisión. Podría decir "sí" a una tarifa muy por debajo de lo que cobra sólo para asegurar que no perdería el trabajo. Pero no lo hizo. En lugar de eso, explicó: "Cobro $100 por hora, pero puedo recomendarlo con otro diseñador con menos experiencia si quiere contratar a alguien de menor precio".

Le emocionaba tener un proyecto tan interesante, pero no lo suficiente como para subestimar sus habilidades y servicios. Le explicó la diferencia entre lo que obtendría por $25 (en calidad y rapidez al menos) y por $100. Annamarie manejó la situación de manera profesional de diferentes modos y por eso el cliente estuvo de acuerdo en pagarle $100 por hora y ajustó sus expectativas hacia el futuro. Desde esta interacción inicial, ambos han trabajado juntos en varios proyectos durante años y obtienen lo que quieren: Annamarie un pago justo y el cliente un servicio que vale la pena.

Al igual que Annamarie, mereces ganar lo que vales. Mi consejo: ¡Dilo!

Conformarse

Éstas son tres preguntas que debes responder la próxima vez que decidas conformarte con lo que tienes en lugar de pedir lo que mereces. Este ejercicio te ayudará si estás renuente a pedir lo que necesitas en el trabajo, ya sea más dinero o más responsabilidades, un asiento en la junta directiva, un miembro adicional en el equipo para tu proyecto o una engrapadora nueva que sí funcione.

1) ¿Qué puedo ganar *vs.* qué puedo perder si pido lo que quiero?

¿Pones tu trabajo (o cualquier otra cosa) en juego al pedir un aumento? Claro que no. ¿Qué temes perder? ¿Tu trabajo, tu vida, tus amigos, el respeto del jefe? Examina esto de forma sincera. ¿Qué tan realista es perder algo valioso sólo por pedir lo que sabes que mereces? Por otro lado, ¿qué podrías obtener? ¿Más dinero? ¿Una oficina más grande? ¿Tu asistente? Nunca escucharás un "sí" hasta que no lo pidas. No conviertas tu miedo al rechazo en tu profecía. ¿Cuánto respeto crees que tiene tu jefe o tus clientes por alguien que no pide lo que es suyo?

Concéntrate en lo que quieres (y tal vez consigas) y no en lo que puedes perder.

2) ¿Cuál es el peor escenario?

Digamos que pides y la respuesta es "no". ¿Cuál es la consecuencia más devastadora imaginable de ese "no"?

Puede ser un poco vergonzoso o decepcionante. Quizá signifique buscar otra empresa que te pague más o te trate mejor, o que te mantengas en una oficina por menos de lo que crees que vales. Tal vez te moleste un poco. Pero eso no significa que perderás tu trabajo. Nada de eso quiere decir que jamás volverás a ser feliz, ni que tus colegas te tratarán diferente. A menos que les digas, nunca sabrán que lo pediste. Tu jefe no les dirá.

Piensa en el peor escenario posible, que de todos modos es muy poco probable que pase. Pero si así fuera, ¿qué significaría en realidad? ¿Cómo un "no" cambiaría tu vida?

3) ¿Qué haré si escucho un "no"?

Prepárate para cualquier argumento de tu jefe cuando pidas lo que necesitas y piensa una respuesta.

¿Y si el jefe dice que no hay dinero en el presupuesto para aumentos este año? ¿Y si dice que el mercado está bajo? Considera toda la situación. Toma en cuenta las objeciones potenciales. No temas seguir pidiendo. Ten coraje.

Es probable que un "no" sea temporal. Por lo general significa "no por ahora", en vez de "no para siempre".

Valor

No importa lo que hagas en la vida, lo harás mejor si lo planeas. Sí, regresamos a planear. Entre más preparado estés, más confianza tendrás. Y entre más confianza tengas es menos probable que te pongas nervioso, retrocedas o tomes un "no" por respuesta cuando sospechas que ya está cerca el "sí".

Me preparo para una gran petición de la misma manera que para un discurso: investigo a la persona con la que hablaré y también lo que voy a pedir. Por ejemplo, si quiero que un abogado haga un trabajo pro bono para mi fundación favorita, indago un poco para saber si este licenciado en particular ha ayudado a otras organizaciones benéficas, si tiene inclinación por alguna en especial, si su firma tiene una cuota u horas pro bono para cada asociado. Entonces, cuando nos reunamos, puedo hablarle del proyecto desde una perspectiva de cómo ofrecer ayuda legal gratuita podría ser satisfactorio para él: sus cuotas, sus deseos de hacer servicio comunitario o su inclinación por ayudar a aquellos afectados por las enfermedades o las condiciones que tienen los usuarios de estas fundaciones.

En resumen, me preparo para saber cómo crear una ganancia para la otra persona de manera que yo también gane. Esto me da confianza porque sé que hice mi tarea y es probable que escuche un "sí".

Mónica es una antigua colega mía que, cuando tenía poco más de 20 años, hizo un plan para vivir en la mayor cantidad de países posible durante el transcurso de su carrera. Para empezar: Francia.

Vivió ahí durante un semestre en la universidad, así que aprendió a hablar bien francés. Después de trabajar un verano como personaje de Walt Disney World en Florida, decidió aplicar para un trabajo en Disneyland París. En papel se veía bien para el trabajo, así que alguien de recursos humanos del parque organizó una entrevista telefónica con ella, en francés.

Mónica tuvo una semana para prepararse. Empezó a hablar en francés con todo mundo para pulir su pronunciación. Preparó una lista de puntos importantes para usarla como referencia en la entrevista y así no olvidar decirle a la ejecutiva su experiencia previa, su conocimiento de los personajes y productos de Disney y su amor por todo ese mundo. Buscó las redes sociales de la entrevistadora para aprender lo que pudiera de ella y actualizó las suyas para reflejar su conexión con Disney.

Estaba nerviosa por la entrevista, pero cuando sonó el teléfono, estaba lista. Se sentía confiada. Creía que una vez que le dijera a la entrevistadora sus habilidades como intérprete, maestra de ceremonias y oradora, Disneyland París querría encontrar un lugar para ella entre los animadores del *resort*.

Y eso hicieron. Obtuvo el trabajo y lo mantuvo por tres años antes de mudarse a Asia para su próxima aventura profesional.

Intensificadores de valor

Si quieres acercarte a tu siguiente petición con más coraje, debes asegurarte de tener suficiente confianza en lo que pedirás. Éstas son tres maneras de intensificar tus oportunidades de un "sí" y darte el valor para pedir:

1) Pide a la persona indicada.

Muchas veces hablamos con la persona incorrecta. Jamás obtendrás un "sí" de alguien que no tiene la autoridad de dártelo. Y si lo hace, no será un "sí" auténtico y al que puedas dar seguimiento.

No te equivoques al pensar que cualquiera con autoridad en un negocio puede decir "sí" a tu petición. Llevarle tu gran idea de mercadotecnia al vicepresidente de finanzas no te llevará muy lejos.

2) Hazlo personal.

Conoces tus motivos y a ti mejor que nadie. Sentirás confianza en tu petición si lo haces personal.

Para eso, explica por qué lo pides. Cuando alguien entiende por qué algo es importante para ti, tal vez es más probable que esté de acuerdo contigo.

Ésa es la premisa del libro *Empieza con el porqué: Cómo los grandes líderes motivan a actuar*, del siempre optimista Simon Sinek. Su consejo: es tan importante saber por qué haces algo como saber lo que haces.

Eso es cierto cuando pides ayuda, un aumento, una referencia o lo que sea. Si la persona entiende por qué pides y lo que obtendrá del trato, es más probable que te diga "sí".

Así que explica cómo un "sí" puede ayudarlos a ambos. Unos cuantos consejos:

- Comparte la razón por la cual quieres que la persona haga lo que le pides. Descríbele el lado negativo de decir "no".
- Habla de manera que demuestres a la otra persona cómo puede beneficiarse por ayudarte. Nueve de cada diez veces funciona.
- Ofrécete para ayudarle con su parte.
- Si pide tu ayuda, dásela. Y cumple tu oferta.

3) **Ten buenos motivos.**

No bromeo cuando te digo que cada venta que hago beneficia a la persona que está *comprando*.

Para mí, las ventas (incluso las informales de las que hablamos aquí) son una oportunidad para ayudar a alguien, hacer su vida más fácil o resolver algún problema. Si lo que ofrezco (producto, servicio o idea) de alguna manera puede aligerar la carga de alguien, eso vendo. Pero si no tengo algo así, no pretendo que sí.

Si pido a alguien que deje a su vendedor y traiga su negocio a mi compañía, sé que si decide hacerlo puedo ofrecerle un mejor trato, más atención o cualquier otro beneficio. Si le pido a un cliente que recomiende mi empresa a sus socios, prometo y doy un servicio respetuoso y excelente que hará que mi cliente quede bien por haberme recomendado.

Mis motivos siempre son puros.

Palabras

Cómo pides es igual de importante a *qué* pides.

Cuando pidas algo es crucial que recuerdes que estás solicitando, no exigiendo ni dando una orden. Es importante tener confianza y esperar un "sí". He visto mucha gente fallar al pedir porque escoge mal las palabras. Lo demanda, no lo solicita. No seas esa persona. Al contrario, jura que nunca cometerás los siguientes errores.

1) La exigencia

Olivia es una madre soltera que trabaja dos turnos, ambos entre semana: uno como gerente de oficina durante el día y el otro en una clínica veterinaria por la tarde. Labora ahí de 5:30 a 8:00 p. m., hasta que la cuidadora de mascotas de la noche llega a relevarla. Luego se apresura para llegar a casa y pasar una hora valiosa con su hija antes de dormir.

Pero durante los últimos dos meses la cuidadora de la noche, Teresa, ha llegado tarde, a veces hasta media hora. Así que Olivia trató de venderle la idea de llegar al trabajo a tiempo. Intentó tres tácticas distintas:

Primera: "Debes llegar a tiempo. Tengo que llegar a mi casa a las 8:30 p. m.". No funcionó.

Segunda: "Teresa, ya te dije que debo irme a tiempo todas las noches para ver a mi hija antes de que se vaya a dormir. Por favor, llega a tiempo". Tampoco funcionó.

Entonces las cosas tuvieron sentido para Olivia. No vendía, no pedía ni persuadía. Demandaba, y ésa no es una manera de convencer a nadie de que darte lo que quieres será bueno para ambos. Cuando quieras algo, pídelo, pero sólo después de descubrir qué ganará la otra persona por decirte "sí".

Por fin, Olivia se dio cuenta de que necesitaba descubrir por qué Teresa, que siempre llegaba al trabajo a tiempo, se había retrasado a últimas fechas. Así que intentó por tercera vez. Preguntó: "Oye, Teresa, ¿todo bien en casa? Noto que llegas un poco tarde".

En lugar de actuar enojada y demandar, Olivia está preocupada e interesada. Y en serio lo está, porque Teresa es su compañera de trabajo.

Resulta que Teresa tiene problemas con su hijo. Escogió esos turnos para trabajar sólo en las noches cuando él duerme en casa de su padre. Durante esos dos meses su padre no recogió al niño y Teresa terminó llamando de manera frenética a vecinos y parientes para encontrar a alguien que vigilara al niño. Eso la retrasaba.

Ahora Olivia sabe lo que Teresa necesita. Y las dos hicieron una lluvia de ideas para tratar de encontrar una solución para ambos problemas.

En este escenario, Olivia hizo preguntas que le ayudaron a comprender la necesidad de Teresa. Una vez que ambas se entendieron, estaban en mejor posición de ayudarse.

Al igual que muchos de nosotros, Olivia pensó sólo en sus necesidades, pero no llegarás muy lejos en una venta (o en la vida) si no pones atención a las de la gente que te rodea.

2) La excusa

Carmen, una fotógrafa, adopta un enfoque por completo distinto cuando pide lo que quiere. Dirá algo como: "¿Me puedes enseñar cómo guardar este archivo en la nueva red? Si estás muy ocupado, no te preocupes, intentaré descubrirlo. Tal vez lo logre".

Las palabras que escoge Carmen transmiten el mensaje de que es floja, no ha tratado de resolver el problema por sí sola y quiere que la otra persona lo haga por ella. Pero en realidad Carmen no pudo descubrirlo. Es muy inteligente y ya lo intentó. Pedir ayuda es su último recurso.

El mejor acercamiento de Carmen es saber lo que la otra persona obtendrá a cambio de ayudarla y después decir algo como: "Oye, ¿te importaría enseñarme cómo hacerlo? Quiero que te sea más fácil encontrar las fotos en la nueva red cuando las necesites". Pide a su compañero que la ayude a ayudarlo a largo plazo.

Ganar-ganar.

3) **El silencio incómodo**

Juan trabaja para una empresa de encuestas, donde su trabajo es pedir a la gente que le dé información. Aunque en realidad muy pocos lo hacen, sobre todo por la manera en que lo dice: "Llamo para preguntarle sobre las próximas elecciones. ¿Quiere votar por el candidato A o por el B?"

Cada vez que la persona del otro lado de la línea se queda callada, Juan llena el silencio de inmediato y dice: "Si no quiere decirme está bien". O: "Si eso es demasiado personal no tiene que responderme".

Juan no considera que el encuestado tal vez necesite un minuto para pensar, tal vez apoye al otro candidato o interrumpió otra tarea por contestar el teléfono. Necesita darse cuenta de que le pide a alguien más que le dé información y tiene que ser paciente y darle por lo menos un minuto para decidir qué responder. Si no lo hace, no durará en ese trabajo. Debe aprender que el silencio está bien. Esperar a que le respondan. Darle a la gente la oportunidad de pensar. Considerar el hecho de que tal vez aún no decide y necesita tomarse un minuto.

No necesitas llenar el vacío. Considera al silencio incómodo como un juego. El primero que habla, pierde.

4) **La invitación abierta**

Raj y Anita tienen trabajos similares en empresas diferentes y se conocieron cuando se sentaron a la misma mesa en una reunión de planificación de la ciudad. De inmediato se cayeron bien.

En su trabajo, Raj es el responsable de tener los argumentos que convenzan a los gobiernos del estado, el municipio o la ciudad de hacer excepciones a los planes de desarrollo urbano cuando una empresa quiere construir sus oficinas centrales en algún lugar donde no se permiten grandes edificios. Anita trabaja con esos mismos gobiernos para alentarlos a otorgar incentivos fiscales a compañías similares como recompensa por los nuevos trabajos que ofrecerán a las personas locales.

Mientras platicaban de sus proyectos, Raj se dio cuenta de que Anita tenía acceso a las bases de datos que él necesitaba para vender al ayuntamiento local la propuesta de una firma que él representaba. Cuando la reunión terminó, Raj le dio a Anita su tarjeta de presentación y dijo: "Puedes llamarme para hablar de las bases de datos". Anita jamás llamó.

Raj perdió la venta porque no la pidió. Todo lo que tenía que hacer era darle su tarjeta de presentación y decirle: "¿Estaría bien si te llamo el lunes para hablar más sobre las bases de datos?"

Puedes evitar estas invitaciones abiertas al pedir ayuda de manera directa. Recuerda, es tu trabajo pedir lo que quieres y darle seguimiento.

5) Una y ya

Eliza es la asistente ejecutiva del CEO de una empresa que organiza eventos con presentadores de alto nivel, como políticos, atletas y ganadores del Premio Nobel. Los invitados a estas conferencias pagan una membresía anual y compran boletos para asistir.

Al CEO le gusta que el salón esté lleno, en especial para los oradores más prominentes. Así que parte del trabajo de Eliza es dar seguimiento a las invitaciones formales que se envían por correo, debe llamar por teléfono a los miembros para hacerles saber de los eventos en caso de que quieran comprar un boleto.

Es muy buena con eso, siempre y cuando nadie conteste. Es la reina de los mensajes de voz. Sus mensajes son elocuentes, bien dichos, concretos y útiles para cualquiera que quiera devolver la llamada para comprar un boleto o adquirirlo por internet. Pero Eliza, quien se considera una gerente, planificadora y organizadora, no ve esas llamadas como una venta, así que nunca les da seguimiento. Como resultado, vende muy poco.

Dar información, incluidas las instrucciones de cómo comprar algo, no es lo mismo que pedirle a alguien que lo compre.

Eliza sólo deja un mensaje de voz y tacha al cliente de su lista. Pero en lugar de eso debería dejar el mensaje y llamar de nuevo un par de días después para tratar de encontrar a la persona y así pedirle que compre de manera personal.

Sin el seguimiento, pierdes la mayoría de tus ventas informales.

La fórmula para pedir

Cuando es momento de salir y vender, sigo esta fórmula simple que también puede funcionarte:

***1)* Preséntate.**

Nueve de cada diez veces, tus oportunidades de una venta informal se darán con gente que ya conoces. Pero si intentas con un extraño, dile tu nombre.

Ponte en contexto: "Hola, soy la doctora Cindy McGovern. Nos conocimos en la fiesta de Blanco y negro en marzo y hoy pensé en usted porque recordé que dijo que le gustaba esto y aquello. Quisiera comentarle sobre un evento". O: "Mi nombre es Cindy McGovern. Soy parte del club de viajero frecuente de su aerolínea, esperaba que me pudiera ayudar con algo". O: "Soy Cindy McGovern. Mi amigo Mark me comentó que tal vez estarías dispuesto a ayudarme a encontrar un agente literario".

***2)* Pon a la otra persona en posición de poder.**

Tras presentarte, de manera amable reconoce algo sobre la otra persona para hacerla sentir más propensa a, cuando menos, escucharte. ¿Usa el broche más hermoso que hayas visto? Díselo. ¿Te encanta el traje que trae puesto? Díselo. Un pequeño cumplido, siempre y cuando sea auténtico, puede ayudar mucho a predisponer a alguien para que diga "sí".

No siempre tiene que ser un cumplido. Debe ser algo que haces con el objetivo de empoderar a la otra persona. Por ejemplo: Mi amigo Greg viaja demasiado por trabajo y renta bastantes coches. Es un maestro en hacer sentir a la gente empoderada antes de pedir un mejor auto. Dirá: "¿Qué tipo de coche me dejaron *los jefes* hoy?" El agente le responderá. Entonces Greg preguntará: "¿Y *tú* cuál me puedes dejar?"

Dice que los viajeros cansados rara vez se toman el tiempo de notar a los agentes que los reciben. Él lo hace. Los pone en una posición de poder. Reconoce que tienen autoridad y pueden tomar decisiones.

Eso tal vez le haga el día a alguien a quien tanta gente trata como si fuera invisible. Ese cumplido tal vez sea el incentivo que el agente necesita para darle a Greg algo a cambio.

3) Ofrece tu ayuda.

Aunque tú eres el que está pidiendo algo, también es importante ofrecer algo a cambio. Si escuchas con cuidado, sabrás qué quiere o necesita la otra persona. No tengas miedo a ofrecer una solución.

Por ejemplo, un cliente llega contigo para adquirir cierto servicio, pero en la plática revela un problema que puedes resolver al ofrecerle otro servicio diferente. Si lo compra, ambos obtienen lo que querían.

Si tienes una solución que satisface la necesidad de alguien más, concéntrate en eso, no sólo en lo que obtendrás. Si estás con alguien que acabas de conocer, sigue las guías del capítulo 6 ("Paso tres: Generar confianza") para escuchar, observar, hablar y generar confianza mientras entiendes cómo puedes ayudar a alguien al juntarlo con algo que tu empresa ofrece. Después usa estas palabras para hacer la venta: "Mi empresa tiene un servicio que sé que puede ayudarle a resolver su problema. ¿Le gustaría más información al respecto?"

4) Pide lo que quieres.

Como ya vimos en este capítulo, es difícil pedir lo que quieres, pero será más sencillo encontrar las palabras adecuadas cuando surgen de la ayuda genuina.

"¿Puedo ayudarte con eso al ofrecerte este servicio?"

"¿Quisieras probar con esto?"

"¿Nos harías el honor de hablar en nuestra reunión anual?"

Encontrar las palabras correctas es más fácil cuando provienen de la gratitud. Aunque no hayas hecho la venta aún, considera cuánto apreciarás a la persona si dice "sí". Escoge tus palabras con eso en mente.

"¿Estaría dispuesto a ayudarme?"

"¿Le puedo pedir un favor? En serio sería de mucha ayuda."

"Estaría tan agradecida si pudiera hacer esto por mí."

De manera constante, los vendedores informales (incluso algunos formales) con los que trabajo me piden un guion de cómo vender. Digo "no", porque la petición no es genuina. Sólo es la conclusión de un diálogo.

Juntando todo

Así debería sonar una petición exitosa con estos cuatro consejos en mente:

"¡Hola, Nikko! Soy la doctora Cindy McGovern. ¿Recuerdas que nos conocimos en Chicago el mes pasado en el bar del congreso? Sí que disfruté el evento. ¿Tú la pasaste bien? No te quito mucho tiempo, Nikko. Sólo recuerdo que parecías muy dispuesto a ayudar a tus colegas y pensé en esto porque yo soy igual. Me preguntaba si podías ayudarme. Espero que no te moleste presentarme a tu vicepresidente de mercadotecnia..."

> TIP PROFESIONAL
>
> Haz que cada transacción sea una interacción humana. Y no olvides que tratas con personas, así que háblales de la misma forma en que te gustaría que te hablaran.

Permiso

Una razón reveladora por la cual la gente no pide lo que quiere y necesita es porque no cree que lo merece. Así que se conforma con lo que tiene o le ofrecen. Dice "está bien" cuando por dentro grita por algo más.

Yo no me conformo. Pido lo que quiero. Y aunque no lo obtengo 100% de las veces, casi siempre lo consigo. Lo merezco. Y tú también. Y sé que no obtendré lo que merezco si no lo pido.

¿Qué mereces? ¿Ser sólo un adjunto cuando ya estás calificado para enseñar una clase entera tú solo? ¿Ganar menos que otro empleado que tiene el mismo trabajo que tú (y el coraje para pedir más dinero)? ¿Qué estás dispuesto a hacer para obtener lo que mereces?

¿Estás dispuesto a pedirlo? Estudio tras estudio revela que la gente no lo está. En especial las mujeres.

Cuando la profesora de economía Linda Babcock le preguntó a su decano por qué los estudiantes graduados de su colegio tendían a ser instructores y las estudiantes asistentes, la respuesta fue simple: "Más hombres lo piden".

Lo mismo sucede con hombres que negocian mejores salarios: es más probable que los pidan, así que es más probable que los obtengan.

En su libro *Las mujeres no se atreven a pedir: saber negociar ya no es sólo cosa de hombres*, Babcock y su coautora, la escritora Sara Laschever, explican que algunas mujeres ni siquiera se dan cuenta de que pueden pedir más de lo que les ofrecen. Otras temen no obtener el trabajo si piden más dinero. O se imaginan que pueden dañar la relación con un colega o jefe si tienen el valor de pedir lo que merecen. O aprendieron que la sociedad castiga a las mujeres que hablan de lo que quieren y necesitan.

Para muchos, pedir parece un acto muy arriesgado. Implica que mereces algo que no tienes y puede sonar egoísta, incluso codicioso.

¿Pero lo es?

¿Hay alguna razón por la que no podamos pedir lo que queremos y tenerlo?

¿Por qué sería considerado egomaniaco alguien que dice: "Lo merezco"?

Sí lo mereces. Pero como aprendimos de mi amigo Peter y el agente de bienes raíces al inicio de este capítulo, saber que mereces más no te dará más. Tienes que pedirlo.

Indaga y trata de descubrir por qué crees que no mereces tener lo que quieres. Al menos no lo suficiente como para pedirlo. Si no sabías que puedes pedir, por favor, permíteme ser quien te lo diga: puedes pedir. Y aunque aconsejo a la gente que haga solicitudes razonables, puedes pedir mucho más de lo que crees que alguien te daría.

Pero un examen de lo que crees que en serio mereces puede llevarte a algunas verdades muy dolorosas. Por ejemplo, tal vez notes que estás enloqueciendo por no obtener algo que en realidad no ganaste. Así que, mientras te convences de que mereces lo que pides (y por favor, practica todos los días), asegúrate de no insistir en algo que en realidad no es para ti.

Sé honesto. ¿Te lo ganaste? ¿O te saltaste la barda al hacer algo indebido? ¿No quieres pedir porque no crees que lo mereces? ¿O porque sabes que no lo mereces?

Insisto en que debes pedir. Pero como dije antes, sé honesto contigo: ¿Lo mereces? Una vez que reconozcas la diferencia entre lo que te has ganado y lo que no, será más fácil pedir lo que quieres y necesitas.

Pero el "sí" no es automático. Aunque en serio lo merezcas, tal vez tengas que probar que en realidad lo quieres y lo mereces.

Pide con confianza. Le enseñamos a la gente cómo tratarnos. Si nosotros no creemos que merecemos el mismo dinero que los demás por el mismo trabajo, otros tampoco lo creerán. Si no creemos que merecemos las cosas que queremos, no las pediremos. Y si no pides, examina a profundidad tus creencias. No puedes convencer a otros si no puedes convencerte a ti.

PASO CUATRO EN ACCIÓN
EL FACTOR *DESAGRADABLE*

Si alguna vez has estado en un centro comercial durante la época navideña, seguro has experimentado lo que me gusta llamar el factor *desagradable*.

Es esa sensación viscosa que llega después de gastar demasiado en una tienda o en un montón de productos que, en definitiva, no necesitabas, pero que un chico guapo, de habla rápida y encantador acento te convenció de comprar antes de darte cuenta de que te estaba estafando.

Es el enojo que sientes cuando te llega la factura por $15 000 o $25 000 por el tiempo compartido que compraste en un impulso después de escuchar el discurso apabullante de un vendedor sobre un plan de vacaciones que en serio amarías tener, pero no puedes pagar. Pero es demasiado tarde, pues ya firmaste los papeles.

Es el temor que te da después de contratar a un par de tipos en una camioneta para reparar tu techo con material en descuento, pues les quedó de otra obra que hicieron para un vecino a pocas cuadras y desaparecen con tu depósito para nunca volver.

Por eso cuando te digo que *todos los trabajos son de ventas* y te animo a vender, no me sorprende que tu respuesta sea un simple y llano: "Qué desagradable".

Algunas de las personas que venden así son profesionales, otras sólo son ladrones. Pero de forma colectiva, nos han hecho desconfiar de todos los vendedores y le han dado a la profesión una reputación muy mala.

Aquí quiero hacer una pausa y decirte que he trabajado con miles de vendedores profesionales y puedo asegurarte que la mayoría de ellos son honestos, sinceros y representan productos y servicios legítimos.

También quiero decir que sé que es difícil de creer, en especial si ya fuiste víctima de un vendedor sin escrúpulos. Pero eso no significa que tengas que vender de esa manera. Yo no lo hago, nunca. En cambio, cuando le pido algo a alguien (lo que sea), lo considero como una solicitud. Una propuesta. Algo que espero. No exijo. No asumo. No presiono. No intimido. No insisto. No soborno. Y no amenazo. Soy educada, conversadora, complaciente y tan útil como pueda. No soy *desagradable*.

De hecho, la mayoría de los vendedores profesionales aceptan un código de ética que requiere que no dañen a nadie, sigan la ley, hagan tratos de buena fe, construyan relaciones y traten a la gente con honestidad, responsabilidad, justicia, respeto y transparencia. Cumplo con este código y voy más allá. Sigo lo que me enseñó mi abuela cuando era pequeña y no sabía lo que significaba la palabra *vender*: trata a los demás como quieres que te traten a ti.

Me gusta que me traten con bondad, por eso así trato a los demás. Cuando vendo, soy amable. No presiono. Y nunca trato de vender algo innecesario o que se arrepentirán de comprar. Mi marca de ventas es dar a la gente lo que necesita. Vendo soluciones a los problemas. Para nada vendo si no tengo algo que quieran o necesiten.

En ese caso, me voy con las manos vacías. Está bien para mí. Prefiero mantener mi ética que cerrar un trato. Vendo sólo si a cambio doy algo que valga la pena.

Solía pensar que las ventas eran desagradables, tontas y también rayaban en lo inmoral. Después aprendí más. Cuando lo hice, me di cuenta de que lo desagradable no son las ventas, sino los vendedores sin escrúpulos. Así que me alejé de ellos en todos los sentidos, maneras y formas. No actúo, ni vendo como ellos. No me asocio ni trabajo con ellos. Tampoco los tomo como clientes.

Mi marca de ventas es crear relaciones. Creo que me gano la vida ayudando a las personas. No me veo en otro trabajo. Soy buena en ayudar. Es lo que me gusta hacer. Ser útil está en mi naturaleza y personalidad.

De hecho, soy tan *helpaholic* (adicta a ayudar) que poseo la marca registrada de la palabra. Tal vez tú también lo eres. De ser así, considera vender como una forma de ayudar. Y quizá el factor *desagradable* desaparecerá.

Si piensas en las ventas como una manera de ayudar, no te comportarás como esos espeluznantes vendedores que te hincan el diente, mienten o presionan para que gastes el dinero que no tienes.

Eso daña, no ayuda. Mi marca de ventas es ayudar. Y mi reputación es que soy útil. Cuando los clientes me recomiendan, dicen que los ayudé. Nuca dicen que les *vendí*.

Tú también puedes ganarte la vida al ser útil. A cambio eso te ayudará.

8

Paso cinco
Dar seguimiento

Cada otoño, un par de semanas antes del Día de Acción de Gracias me quedo en casa, apago mi teléfono y me siento en la mesa del comedor todo el día. Hora tras hora, escribo notas personales de agradecimiento para todos los que me han ayudado: familia, maestros, mentores, antiguos compañeros de la escuela, amigos, clientes, vendedores, jefes y colegas.

Envuelvo cada agradecimiento en una hermosa tarjeta con tema del Día de Acción de Gracias. Hago una pausa después de terminar cada una para asimilar lo que escribí y dedicar un pensamiento a la persona que va dirigida.

Algunas son para gente que no he visto o escuchado en años (pero ellos escuchan de mí, cada año).

Tomo los *agradecimientos* muy en serio en el Día de Acción de Gracias. Estoy segura de esto: no habría llegado a donde estoy por mi cuenta (y tú tampoco). Todos esos amigos y colegas que me apoyaron, enseñaron cosas, escucharon mis quejas y sostuvieron mi mano cuando sufría por un amor o una decepción a lo largo de los años contribuyeron a esta alegre vida que tengo hoy en día.

Estoy agradecida y se los digo. Cada año.

TIP PROFESIONAL

Agradece de forma escrita. Un mensaje de texto, un correo electrónico y las llamadas telefónicas son lindos, pero nada dice "Tengo tiempo para ti" más fuerte que una nota escrita a mano.

El último paso de mi proceso de cinco pasos lo llamo *Dar seguimiento*, pero podría llamarlo *Agradecer*.

Agradezco de manera auténtica al barista de mi cafetería favorita que ilumina cada mañana de mi semana al sonreír y bromear, aunque haya una fila enorme de gente medio dormida, ansiosa por cafeína, presionándolo para que trabaje más rápido. Le agradezco al cliente que tuve hace 10 años y que continúa recomendando mi empresa de consultoría a sus colegas. Sigo agradecida con el profesor de posgrado que me escribió una hermosa carta de recomendación que me ayudó a obtener mi primer empleo académico.

Te aprecio a ti por leer este libro. Te aprecio por tomarte el tiempo de explorar este escalofriante mundo de las ventas. Te aprecio por escoger mi libro sobre todos los demás que consideraste. Y te quiero agradecer de antemano por comprar los libros que escribiré en el futuro.

Nadie sobrevive en este mundo por su cuenta. Si te sientes agradecido, dilo en voz alta. Manda una carta. Escribe una nota. Envía flores. Da un apretón de manos. Da un abrazo. Asiente y sonríe. Lo que sea tu estilo. Pero hazlo.

Todos apreciamos un poco de gratitud, ya sea que la estemos expresando o recibiendo. Así que, cuando cierres una de las ventas informales de las que hemos hablado en el libro, no sólo brinques de alegría por dentro. Exprésalo. Di *gracias*. Regresa el favor. Ofrece un cumplido. Nomina a alguien para un premio. Ayuda a alguien más.

Una transacción típica de ventas termina en una de estas tres formas: "sí", "no" o "tal vez". Todos quieren el "sí". Pero como señalé antes, eso requiere planificación, estrategia, paciencia, amabilidad y entendimiento. Pese a hacer o tener todo esto, por desgracia, algunas veces de cualquier forma escucharás un "no". Di *gracias* de todos modos.

Ahora ya lo sabes, vender no sólo se trata de ti o de lo que obtendrás de manera inmediata. Es sobre acuerdos entre dos personas que se benefician por igual de la transacción, ahora o en el futuro.

Cuando das algo, obtienes algo y tu gratitud auténtica no sólo le demostrará a la otra persona que la aprecias, también te ayudará a notar cuánto dependes de otros y ellos de ti. Es un sentimiento asombroso y lleno de humildad.

Este paso, "Dar seguimiento", te ayudará a entender que tu reacción a cualquier respuesta ("sí", "no" o "tal vez") puede predecir resultados futuros la próxima vez que le pidas algo a alguien.

Este capítulo te enseñará a responder, ya sea un "sí", un "no" o un "tal vez". Y a través de esta sección, me escucharás diciendo una y otra vez: "Di gracias". Siéntete agradecido. Muestra tu gratitud.

Nadie sobrevive en este mundo por su cuenta.

Sí

"Sí" es lo que quieres escuchar cuando le pides a un cliente que te recomiende, cuando le sugieres a un consumidor o a un colega que haga negocios contigo en el futuro, cuando le pides un descuento a un vendedor o haces una propuesta. Pero mucha gente no sabe cómo aceptar ese "sí" por lo que es (un "sí, puedes tener lo que pediste"). Así que cuando escuches "sí", deja de vender. Empieza a mostrar gratitud.

Otra autora que conozco se avergonzó un poco cuando aprendió esta lección. Mostró su idea a una editorial para su segundo libro y estaba en una reunión con los editores del proyecto negociando sus honorarios. Mi amiga sentía que se había vendido mal cuando accedió a los honorarios de su primer libro unos años antes. Había sido su primera vez y es probable que no tuviera la confianza que tenía ahora. Así que esta vez pidió a la editorial aumentar sus honorarios casi una cuarta parte.

Un editor parecía estar de acuerdo, pero el otro no. Dijo que este libro sería más fácil de escribir porque ya tenía el primero bajo el brazo. Mi amiga explicó que se había vendido barato la primera vez. No lo dijo, pero estaba dispuesta a dejar la mesa si no obtenía el aumento. El editor debió sentir eso. Accedieron a sus términos y dijeron "sí".

Pero mi amiga continuó vendiendo. Explicó su larga experiencia en el campo en el que escribía, la falta de edición que había tenido el primer libro y demás.

Entonces el otro editor preguntó:

—¿Obtuviste lo que querías?

—Sí —respondió mi amiga.

—Entonces deja de vendérnoslo —contestó el editor.

Avergonzada, mi amiga se calló.

Cuando consigues lo que quieres, acéptalo, di gracias, deja de vender y empieza a planear el siguiente paso. Mi amiga obtuvo lo que quería y sólo necesitaba decir *gracias*.

Ahora que hemos trabajado tan duro para obtener ese "sí", es momento de aprender la manera correcta de responder cuando recibimos la ansiada respuesta. No te sorprenderá que comienzo siendo agradecida.

En el lugar de donde soy, la gente dice *gracias* todo el tiempo. Le agradecí al gerente de ventas que me cobró doble por una orden de papel para fotocopiadora cuando me devolvió mi dinero. Incluso dije *gracias* al pequeño pillo que robó una caja que dejó Amazon en la puerta de mi casa cuando su madre lo obligó a devolverla.

No importa de dónde seas, seguro te enseñaron a decir *gracias* cuando alguien te da un regalo. Un "sí" cuando pides un favor, un aumento, un trabajo, una recomendación o una segunda oportunidad es un regalo, así que deberías decir *gracias* por ello.

Pero la verdadera gratitud es más que palabras. Me gusta decir que la *gratitud* es un verbo y que tú deberías mostrar y vivir tu gratitud. Deberías estar y actuar agradecido.

He aquí algunas formas para demostrar tu gratitud cuando recibes un "sí":

- **Regresa el favor**. ¿Alguien envió un cliente a tu compañía porque pediste que te recomendaran? Refiere a un cliente a su empresa la próxima vez que conozcas a alguien que tu compañía no pueda ayudar pero que alguien más sí.

- **Di "sí" a cambio**. La próxima vez que un colega, cliente o conocido te pida un favor profesional, accede si puedes.
- **Envía un correo**. Hazlo en el momento en que vuelvas a la oficina después de conversar con alguien que aceptó ayudarte. Escríbelo de forma genuina, aunque sea de manera digital.
- **Escribe una carta de agradecimiento, a mano**. Mándala por correo. Eso lo hace extraespecial. Escribe algo personal. Expresa tu agradecimiento sincero. Di por qué estás agradecido. Explica cuánto te ayudó la persona.
- **Da un regalo**. Sólo un detalle. A mí me gusta comprar tarjetas de regalo de $10 de Starbucks o Amazon para enviarlas con las cartas de agradecimiento. A veces espero hasta las vacaciones para entregarlas y otras veces las ofrezco al día siguiente que escucho el "sí".
- **Envía flores**. ¿Qué tan encantado te sientes cuando te sorprenden en la oficina con la entrega de coloridos tulipanes o narcisos? Así de feliz puedes hacer a alguien cuando le envías flores.
- **Escribe un comentario en la página de internet de la compañía donde trabaja la persona**. Nombra al individuo. Di lo que hizo por ti.
- **Postea en Yelp y en otros sitios de reseñas**. Di lo grandiosa que es la gente que te ayudó y lo mucho que disfrutaste hacer negocios con su empresa.
- **Actualiza a la persona**. Cuando alguien hace algo por ti, de manera natural querrá saber cómo salió todo. Díselo.
- **Mantente en contacto**. La forma más genuina de gratitud es una amistad en curso. Le demuestra al otro que no eras amable sólo para obtener algo. Le muestra que para ti la relación no ha terminado sólo porque obtuviste lo que querías. También es más probable que este conocido te recuerde cuando surja la oportunidad de recomendarte o se presente otra oportunidad informal de vender.

Gracias no debería significar "adiós". En lugar de eso, significa: "Estoy tan agradecida por lo que hiciste por mí y espero que tengamos más reuniones, transacciones y comunicación en el futuro".

Para mí, la gratitud es para siempre. Si obtienes un "sí" de una persona con la que no tienes forma de estar en contacto, entonces regresa el favor a alguien más, lo que también es una verdadera señal de gratitud.

Aquí hay un ejemplo de qué pasa cuando tratamos una *venta* como algo que sólo ocurre una vez.

Mi amiga Emma llegó a conocer muy bien a una masajista de terapia cuando comenzó a verla una vez al mes (después de lastimarse la espalda). Durante la primera cita de Emma con Lynn, se llevaron muy bien y de ahí en adelante hablaban sin parar durante cada hora en la que Lynn trabajaba en los músculos de mi amiga.

Con el tiempo, empezaron a invitarse a fiestas en sus casas. Se presentaron a sus familias. A veces se reunían para las horas felices.

Lynn trabajaba por su cuenta, así que decidió aumentar sus ingresos vendiendo ollas y sartenes de lujo. Para comenzar, les preguntó a sus amigos si les podía hacer una demostración de la batería de cocina. Emma y su esposo dijeron que sí.

La compañía que representaba tenía un modelo de negocio que requería que los vendedores de medio tiempo visitaran las casas de clientes potenciales y usaran las ollas y sartenes antirrayones (y que no se les pegaba nada) para preparar una comida. Así que Lynn fue a la casa de Emma e hizo la cena.

Es probable que la pareja no hubiera comprado el set (costaba más de $1 000 por unas pocas piezas) si la vendedora no hubiera sido amiga de Emma. Pero los dos estaban felices de ayudar a que Lynn comenzara su nuevo negocio.

Como parte del trato, Emma tenía derecho a asistir a clases mensuales de cocina donde se regalaban piezas adicionales y se le prometió un tazón de acero inoxidable gratis para mantener la comida caliente o fría.

Cuando no llegó invitación alguna, Emma llamó a Lynn para preguntar por las clases de cocina y su tazón gratis. Lynn se hacía la desentendida y parecía que evitaba a Emma. Con el tiempo, le consiguió la invitación y quedó de verla en la clase para darle el tazón. Emma fue a la clase, pero nunca recibió más invitaciones ni el tazón porque Lynn no se presentó. Y por alguna razón (Emma todavía no sabe por qué) Lynn dejó de responder sus mensajes.

Emma se sintió usada. Parecía que Lynn había obtenido lo que quería y no necesitaba nada más. En este caso *gracias* significó "adiós". Y claro, Emma dejó de hacer citas para masajes porque estaba muy ofendida. Nunca se volvieron a ver.

En el mundo de las ventas sabemos que un *gracias* adecuado puede crear un cliente de por vida. Lo que Lynn hizo con Emma lo llamamos *usar y descartar*. No tienes que ser un profesional en ventas para saber que si tratas a la gente como si lo único que te importara es su cartera, de manera constante estarás vendiendo a extraños, porque ninguno de tus anteriores clientes te dirá "sí" de nuevo.

Es como sólo ir a primeras citas. Cada cita es extraña y, en realidad, nunca llegas a conocer a nadie. Claro, tu meta es hacer una venta, formal o informal. Pero tu objetivo primordial debe ser crear relaciones estables con gente que fue suficientemente amable para ayudarte. Podrían seguir siéndolo y decirte "sí" una y otra vez.

Algo más importante que la lista de arriba es asegurarte de entregar lo que prometes cuando cierras tu *venta*. Si vendes un producto, da seguimiento al cliente para estar seguro de que está operando bien y satisfaciendo las necesidades que prometiste. Si recibes la aprobación para un proyecto al convencer a tu jefe de que harás un trabajo estelar, entonces haz un trabajo estelar. Si alguien te recomendó a ti o a tu compañía con otro negocio, trata ese negocio como si fuera oro. No sólo tu reputación está en riesgo, también la de la persona que te recomendó.

Una nota final sobre el "sí": considéralo una invitación a pedir más.

Como lo discutimos en el capítulo 7 ("Paso cuatro: Pedir lo que quieres"), debes ser suficientemente valiente para pedir lo que quieres, necesitas y mereces. Una vez que pides y recibes un "sí", es más probable que escuches otro de esa persona, en especial si mostraste gratitud sincera. Mantente en contacto y regresa el favor cuando te llame para pedir ayuda.

Somos propensos a decir "sí" a la gente que nos gusta, cuando nos sentimos bien de hacer el favor que nos pidieron o cuando, al hacerlo, nos dará algo a cambio, como la solución a un problema.

Aprovecha esos buenos sentimientos y convierte ese "sí" en más de ellos. La mejor forma de hacer eso y lo más importante que puedes pedir es que la persona te recomiende con sus colegas, amigos, familia y otros. Los extraños son más propensos a decir "sí" cuando alguien que conocen y en quien confían dice que pueden confiar en ti. Las recomendaciones te abren puertas que de otra forma te habrían cerrado en la cara.

Si mantienes tus promesas, eres agradecido y sigues en contacto con gente que dice "sí", te ganarás esas recomendaciones tan importantes para el futuro de tu negocio. Pero parece que la mayoría de nosotros tenemos tanto miedo a pedir ser recomendados como a pedir un aumento.

Recuerda que las ventas no son automáticas y la mayoría de las personas ni siquiera piensa en mandarte a otras personas que sean de utilidad, así que, si no lo pides, es como dejar dinero en la mesa.

No

El rechazo les duele a todos, incluso a los vendedores más experimentados. Por eso, para alguien como tú, que de manera formal no vendes para sobrevivir, ese "no" puede ser especialmente desalentador. Aun así, como lo discutimos en el "Paso cuatro: Pedir lo que quieres", sobrevivirás a eso.

La mayoría de las veces el rechazo no es personal. Yo he escuchado "no" un millón de veces. Pero eso no evita que siga pidiendo un "sí" una y otra vez.

También entiendo que la respuesta automática es "no" si ni siquiera pregunto. No es posible que escuche un "sí" si no lo intento. Así que acepto el riesgo y ahora escucho "sí" con más frecuencia que "no". Y cuando escucho una negativa no dejo que interrumpa mi camino al éxito. A veces sólo tienes que aceptar el "no" como respuesta. Pero eso no significa que la venta esté perdida por completo.

No soy fan de los agresivos representantes de ventas de tiempos compartidos, pero escuché la historia de una profesional en ventas que me impresionó. Tengo una amiga que tiene un tiempo compartido en los hoteles Hilton y toma vacaciones en todo el mundo. Ama el acuerdo y en sólo cinco o seis años ha pagado una cantidad considerable para mejorar su membresía dos veces para tener más semanas al año.

Cada verano ella y su esposo pasan una mañana fuera de la playa para asistir a una charla promocional diseñada para venderles más tiempo. Lo hacen a cambio de puntos extras del hotel. Terminan exhaustos y sintiendo que a la compañía de tiempos compartidos no podría importarles menos si se endeudaran, lo que podría arruinar la buena experiencia que han tenido hasta ahora en sus vacaciones.

Pero el último verano le explicaron a la representante de ventas que, aunque les encantaría comprar más tiempo, sólo estaban ahí por los puntos. Dijeron que tenían que pagar $20 000 para cambiar el techo de su casa ese otoño, así que no había forma de pagar una mejor membresía. La vendedora hizo algo inesperado. Pasó la siguiente hora asesorándolos sobre cómo usar los puntos extras para extender el tiempo que podían vacacionar, sin tener que pagar la promoción de la membresía.

Les ayudó a pensar en cómo podían conseguir suficientes puntos extras, al inscribirse para obtener la tarjeta de crédito de la cadena hotelera y usarla cada vez que se quedaran en el hotel, para pasar gratis su vigesimoquinto aniversario en Venecia el siguiente año en uno de los hoteles de la cadena.

La pareja salió de la reunión entusiasmada en vez de cansada y la esposa guardó la tarjeta de la representante de ventas para que, cuando estuvieran listos para mejorar su membresía, lo hicieran a través de ella para que se quedara con la comisión.

La vendedora escuchó un "no" pero también el "porqué". En vez de insistir y molestar y de tratar de desgastar a la pareja, se dio cuenta de que en realidad no iba a hacer una venta ese día. En vez de rendirse con la pareja, tratándolos mal o ahuyentándolos, hizo lo que llamo una *venta para mañana*. Preparó el terreno para el futuro al impresionar a la pareja en vez de molestarla como lo habría hecho otro vendedor; les vendió una tarjeta de crédito y la idea de usarla durante sus viajes.

"No" no siempre significa "no para siempre" o "no a todo". Puede significar "no a esto, pero sí a eso". Una negativa no siempre significa "de ningún modo".

La representante de ventas de tiempos compartidos transformó un rotundo "no" en un "sí" a una tarjeta de crédito y en un "tal vez el próximo año" para el *upgrade*, que no era lo que buscaba, pero igual fue un buen resultado.

Mis consejos cuando escuchas un "no":

- **Sé útil.** Recuerda que no vas a recibir si no das.
- **No te quejes.** En lugar de eso, acepta y aborda el problema. Ofrece un mejor trato.
- **No te enojes cuando escuches un "no".** La ira, la falta de respeto, la culpa y el fastidiar nunca han transformado un "no" en un "sí".
- **Sé amable en la derrota.** Nunca sabes cuándo alguien que dijo "no" cambiará de idea y te llamará. No sabes si alguien te dijo "no" porque lo que ofrecías no era adecuado para su compañía, pero conoce a alguien cuya empresa es perfecta para eso y está dispuesto a hablarle de ti.

Nunca puedes saber cuándo un "no" significa que un "sí" está a la vuelta de la esquina, tal vez en una forma inesperada. Así que, al oír un "no", sé tan amable y agradecido como cuando escuchas un "sí". Mantente en contacto con la persona. Pide algo más unos meses después. Habla bien de ella. Tenla en mente para oportunidades que pasen por tu escritorio.

El hecho es que, la mayoría de las veces, un "no" no es personal. No es por ti. No es un reflejo sobre si mereces el "sí". En muchas ocasiones el "no" es porque la otra persona no tiene interés en lo que estás ofreciendo, no lo puede pagar, no es buen momento o no está autorizada a decir "sí".

Haz lo mismo que la representante de ventas de tiempos compartidos: escucha por qué la persona está negándose. Luego ve si tienes algo que él o ella sí quiera, ahora o después.

Otra forma de manejar un "no" es no parecer desesperado. La mejor manera de evitar esto es no ponerte en una situación así. No prometas con certeza a tu jefe que entregarás algo que depende del "sí" de alguien más. No puedes controlar lo que dirá o hará la persona. Así que no pongas todos los huevos en una canasta si en verdad necesitas un "sí". Prepárate para pedir a más de un individuo.

Me gusta pensar que cada "no" es un "no por ahora".

Lo más inteligente que puedes hacer cuando escuchas un "no" que podría parecer un "no estoy seguro" es averiguar por qué la persona a la que le pediste ayuda te está rechazando. Así que pregunta y escucha las respuestas.

Tal vez

Hay una escena en la película *Una pareja de idiotas* de 1994 de Jim Carrey que siempre me hace reír. El personaje de Carrey le pregunta a la chica que le gusta qué probabilidades hay de que ellos dos terminen juntos.

—No muchas —admite ella.

—¿Quieres decir "no muchas" como una en 100? —pregunta Carrey.

—Diría que menos, como una en un millón —aclara ella.

—¿Entonces me estás diciendo que tengo una oportunidad? ¡Sí! —exclama él.

Como el personaje de Carrey, con frecuencia confundimos el "tal vez" con "sí". La realidad: "tal vez" casi siempre significa "no", lo llamo un "no lento". Lo mismo va para "voy a tratar", "haré lo posible" y "voy a checar".

¿Recuerdas cuando tus padres te daban respuestas de ese tipo cuando eras niño? Preguntabas: "¿Puedo tener este juguete?" Y ellos contestaban: "Tal vez". La respuesta vaga te daba algo de esperanza, pero al final, nunca recibías el juguete. Las ventas son iguales.

Si escuchas otra cosa que no sea "sí", es probable que la respuesta sea "no" y así debes tratarla. "Tal vez" no significa de manera necesaria un "no" para siempre, pero mínimo es un "no por ahora". Entonces no malinterpretes el "tal vez como un "sí".

Si escuchas un "tal vez", tranquilízate y considera los siguientes consejos:

- **No contestes de inmediato**. Piensa un minuto si todavía puedes darle la vuelta al trato.
- **Haz algunas preguntas de seguimiento**. Averigua por qué la persona está reacia a decir "sí". Velo desde el punto de vista del otro.
- **Escucha para aprender** qué más puedes ofrecer que podría endulzar el trato lo suficiente para convertir el "tal vez" en un "sí".
- **Pregunta otra vez**. Ahora que tienes esta nueva información, quizá el momento es adecuado para hacer tu petición una segunda vez.
- **No insistas**. Si este "tal vez" es un "no" firme, presionar a la persona para que te dé el "sí" es una mala idea. Te pondrá a ti y a ella en una posición incómoda. Puede dañar tu reputación y poner en riesgo ventas futuras. Yo nunca presiono a nadie para que cambie un "tal vez" por un "sí" porque eso no funciona.

Lecciones duras

Un "no" es difícil de escuchar, pero ésa no es la única lección dura que aprenderás en el camino. He aquí algunas otras verdades que aprendí de la manera difícil:

1) **A veces la respuesta es "no" porque un "sí" le costará a la otra persona dinero, problemas o tiempo.**

A menos que la persona con la que estés trabajando tenga una relación especial contigo o te deba algo, tu petición puede no ser razonable para ella. Agradécele su tiempo y acepta que esto no va a pasar para ambos, ahora mismo.

2) Si pides lo imposible, no puedes esperar un "sí" o al menos un "sí" sincero.

Sólo porque creas que un vendedor debería poder entregarte lo que necesitas dentro de una hora no significa que pueda hacerlo. El producto podría estar a más de una hora de distancia. Podría tener más de una hora de compromisos antes que los tuyos. Su carro podría estar en el taller.

Las expectativas irracionales son resultado del creciente sentimiento de derecho que pareciera que todos estamos adoptando porque ya nos acostumbramos a la tecnología que nos entrega lo que queremos en un instante. Pero en el mundo físico las cosas pueden tomar un poco más de tiempo.

Sé paciente, planea con antelación e investiga. Infórmate antes de pedir si lo que quieres es posible.

3) Te sentirás culpable si usas tu nuevo superpoder (la habilidad de vender) para obtener cosas que no necesitas de personas que no pueden solventar el dártelas.

Todo el tiempo escucho gente decir: "Sólo porque puedes no significa que deberías".

Te estoy alentando a practicar tus nuevas habilidades. No te estoy alentando a aprovecharte de la gente. Muchas personas, incluso tal vez tú, creen que los profesionales en ventas se aprovechan de la gente. Quizá conociste vendedores sin escrúpulos que te mintieron, prometieron una cosa pero entregaron otra o dirigieron una venta tan difícil que accediste a gastar más tiempo, dinero o energía del que tienes. Para nada estoy alentando esas tácticas de venta.

Para mí, el proceso de venta formal o informal debe ser ético, transparente, honesto y dejarte con un sentimiento de haber dado tanto como recibiste. No te aproveches de la amabilidad de la gente que haría cualquier cosa por los demás, a menos de que en verdad necesites su apoyo. En vez de eso, ofrece tu ayuda.

Si construyes la reputación de vender de manera ética, serás recompensado con más "sí" en el futuro.

PASO CINCO EN ACCIÓN
SÉ AMABLE

Este libro abarca cinco pasos importantes y muchos temas. Y bajo todo eso sólo hay un pequeño consejo que te ayudará a vender lo que sea que quieras o necesites: ser amable. Cuando eres amable con las personas, responden con confianza, aprecio y un "sí". Entonces ¿por qué no serías amable?

Cuando mi esposo y yo nos mudamos a San Francisco, una de las cosas que más extrañábamos de casa era la comida. Teníamos antojos constantes de nuestro *comfort food* sureño: pollo frito picante, quimbombó frito, cacahuates hervidos y pan de elote. Así que, de manera literal, brincamos de alegría en la calle cuando descubrimos un restaurante de estilo sureño a sólo unos kilómetros de casa. No está en un buen vecindario, así que nos daba miedo que no le fuera bien debido a la ubicación, pero el dueño lo mantenía vivo. ¿Cómo? Simple: era amable.

Mi esposo descubrió el lugar y almorzó ahí. Me contó cuando llegó a casa y fuimos juntos el siguiente fin de semana. Cuando entramos por la puerta, el dueño se acercó a nosotros. Reconoció a mi esposo y recordó de dónde éramos. Nos recomendó el pollo frito, que era una cosa de otro mundo, y se aseguró de manera personal que tuviéramos suficiente salsa picante y té dulce durante toda la comida. No pedimos postre, pero él nos trajo helado casero. Sentí como si estuviera en casa de mi abuela.

En cuanto llegamos a casa hice una brillante reseña en Yelp. Cinco minutos después me llegó una notificación de que el dueño había respondido. Escribió lo bueno que fue ver de nuevo a mi esposo y conocerme. Nos pidió volver.

Tengo que admitirlo, me hizo sentir que estaba en casa. Nos hizo clientes de por vida con sólo una interacción. Siempre vamos y no somos los únicos. El lugar no está en peligro de cerrar, a pesar de la calle sospechosa donde se encuentra.

A la gente le gusta ir a lugares donde el personal es amistoso, cortés y útil; donde sabe que todos serán cordiales. Ser amable hace que la gente te busque. Un amigo tiene un letrero en su oficina que dice: "En un mundo donde puedes ser lo que quieras, sé amable". Estoy a favor de eso porque es una increíble herramienta de ventas (una muy efectiva). No importa qué más tengas para vender, *ser amable* te vende. Así que asegúrate de ofrecer lo adecuado para la gente.

No importa dónde estés o qué hagas, eres un representante del lugar donde laboras. Si eres amable en el trabajo, pero irritable en todos lados, eso es un reflejo de tu compañía y afectará tu habilidad de vender.

Todo el tiempo eres un anuncio andante de tu organización y de ti. Si hablas mal de tu compañía cuando estás fuera del horario laboral, vendes la cosa equivocada. A la gente le gusta repetir las historias de horror. No cuentes tu historia o la de tu jefe.

Si tu nariz está en el teléfono mientras la gente trata de entablar conversación contigo, le estás vendiendo la cosa equivocada. Le vendes la idea de que la persona a la que le escribes (o cualquier aplicación que estás viendo) es más importante que ella.

TIP PROFESIONAL

Debes estar presente. Cuando alguien trate de hablar contigo, dale toda tu atención. No le pidas a la persona que te espere un rato mientras terminas de escribir un mensaje o terminas una llamada. Comprométete de inmediato y durante toda la interacción.

Si explotas a tus empleados y después los recompensas en vacaciones con una tarjeta de regalo de $10, estás vendiendo la cosa equivocada. Vendes algo que tal vez ya piensen sobre ti: eres tacaño y malagradecido. Tal vez sea más fácil regañar a alguien por equivocarse que respirar y preguntarle qué pasó. Es más fácil salir furioso de una reunión de negocios cuando no obtienes lo que querías que decir "gracias por tu tiempo" y dar un apretón de manos antes de irte. Lo más fácil no siempre es lo mejor, pero ser amable en definitiva lo es.

Aquí hay cinco formas de agregar más *amabilidad* a tu personalidad:

***1)* Sé más accesible.**

Hay un lugar en mi vecindario donde me gusta pasar tiempo después del trabajo: un restaurante de moda que sirve buena champaña y mis quesos favoritos. Pero cuando mi esposo y yo nos mudamos a la costa este, transcurrió una considerable cantidad de tiempo antes de regresar al *lounge*. Cuando volvimos a San Francisco y por fin pasamos, el dueño desenrolló la alfombra roja para nosotros. Dijo que nos extrañaba.

Pero esa tarde, un nuevo *barman* que no trabajaba ahí cuando nos fuimos nos robó de la peor forma. *Insolente* no alcanza a describir a este chico. Actuaba como si fuera el príncipe y nosotros los sirvientes. Actuaba como si no le importáramos. Así que de nuevo dejamos de ir, esta vez por decisión propia.

Casi todas las noches paseamos a nuestro perro Biscuit cerca del restaurante. Una noche, el dueño salió con unos regalos para el perro. Otra vez, dijo que nos extrañaba. También nos dijo que el negocio no había estado bien. Preguntó por qué no habíamos ido. Le dije. Casi 20 meseros, *barmans*, cocineros y ayudantes trabajaban en el restaurante y *lounge* y ese chico estaba arruinando todo. Nadie se lo había dicho.

Soy una persona extrovertida y acostumbro hacer amigos con facilidad. Así que solía platicar con el dueño todo el tiempo. Su personal y otros clientes al parecer no lo hacían. Tal vez porque les parecía poco accesible. Su negocio sufría porque el *barman* ahuyentaba a la gente y nadie le había dicho.

Sé accesible. Enseña a tus empleados a serlo. Tu negocio puede depender de eso.

***2)* Muestra tu personalidad.**

Mi esposo y yo planeamos una noche fuera con amigos para Año Nuevo. El día anterior, un técnico fue a arreglar el Wi-Fi. El cable estaba conectado, el módem instalado y la TV encendida, pero no teníamos señal. Esa tarde, volví a llamar a la compañía y me dijeron que pasarían entre las 2:00 y las 4:00 p. m. Teníamos que salir a nuestra cita a las 5:00.

A las 3:45 el técnico llamó y dijo que se le había hecho tarde, que llegaría tan pronto como pudiera. Dije que estaba bien, pero que teníamos que salir a las 5:00. Mientras iba en camino hacia nuestra casa, llamó y me pidió que describiera el problema que teníamos. Hizo muchas preguntas y, de hecho, logró diagnosticar el problema por teléfono.

Llegó justo antes de las 4:30. Yo ya estaba arreglada y lista para salir, pero mi esposo acababa de llegar del trabajo y tenía que bañarse. El técnico debía estar en la habitación, donde mi esposo se arregla, por lo general.

Uno pensaría que nos iba a estorbar, pero él se aseguró de que no fuera así. Se disculpó por llegar tarde y dijo que terminaría fuera en un momento. Encontró el problema en unos minutos, explicó cada paso del proceso que estaba haciendo y qué había pasado.

Mientras esperábamos que el módem cargara, hizo un poco de plática. Preguntó por nuestros planes. Nos contó los suyos. Era amigable y gracioso. Parecía alguien que nos gustaría tener de amigo.

Aunque estábamos apurados y molestos por el error que el chico había cometido el día anterior, nos sentimos felices de que este técnico estuviera en nuestro departamento ayudándonos. Entró y salió del cuarto en cuestión de minutos. Reconoció que estábamos apurados.

Él terminó y mi esposo todavía no estaba listo, así que me mostró algunos trucos que nuestro control estaba programado para hacer (nuevos para mí). Una vez que todo estuvo listo, nos agradeció y se fue. Dejó una tarjeta y nos pidió responder un correo que nos llegaría preguntando lo que opinábamos de su servicio.

Estuvo en nuestra casa menos de 20 minutos, pero fue el encuentro más minucioso que he tenido con un técnico y uno de los más placenteros. Leyó la situación y respondió en consecuencia. Hizo los ajustes necesarios de forma rápida y evitó retrasarnos. Fue agradable y útil. Nos agradeció por ser pacientes y nos deseó un feliz año nuevo.

Al día siguiente llené la encuesta y le di cinco estrellas. No estaba ahí para vendernos nada, pero lo hizo. Nos hizo cambiar nuestra actitud hacia su compañía. Es un anuncio andante de ésta.

***3)* Haz lo que dijiste.**

Un antiguo colega, Paul, acaba de cambiar de empleo. Era investigador para una pequeña asociación sin fines de lucro y quería probar trabajando para una gran corporación. Su nuevo jefe estaba alerta: incluso los investigadores en la corporación tenían que tratar de conseguir trabajo extra de sus clientes cuando era posible. Paul me buscó para aconsejarlo porque sabe que ése es el tipo de asesoramiento que doy.

Pocos meses después de que se cambió, necesité un investigador, así que lo llamé. Sabía que conseguiría buenos puntos con su jefe si llevaba un cliente nuevo a la empresa.

Paul me dijo todo sobre sus servicios. Explicó que haría una investigación profunda por mí, escribiría un reporte detallado y me daría la información de mercado que necesitaba para tomar una decisión importante. Fue muy divertido trabajar con mi viejo colega de nuevo. En verdad me gustó su energía y su entusiasmo. Lo contraté para hacer la investigación.

Me cobró $4 500 y le tomó cuatro semanas hacer el trabajo. Después me mandó el reporte, que era de tres páginas. No decía nada que no supiera. Apenas abarcaba la superficie. Fue una decepción.

Se lo hice saber. Después de otra semana, me dio otras tres páginas, en su mayoría gráficas. De nuevo, no era suficiente. No volví a contratarlo.

No sé si Paul habla más de lo que en realidad es capaz de entregar o sólo no puso ningún esfuerzo en mi trabajo. Pero de manera deliberada le hice un favor al contratarlo a él en lugar de a mi investigador regular. Y ése era el segundo favor que le había hecho. El problema: no entregó lo que prometió.

Una de las mejores formas de decir *gracias* a alguien que accedió a contratarte, a hacerte un favor o decir "sí" a una petición es hacer un buen trabajo a cambio. Es importante hacer lo que dices. Quédate corto y el cliente o consumidor nunca volverá a hacer negocios contigo.

***4)* Esfuérzate.**

La amabilidad inesperada es la más memorable.

Nunca olvidaré la vez que una aerolínea perdió mi maleta después de forzarme a documentarla, aunque era equipaje de mano. Terminé atorada en San Juan en las Islas Vírgenes sin traje de baño, vestido veraniego ni sandalias. Por tres días.

Había usado *leggins* de yoga en el avión y eran un poco calientes para el clima caribeño. Además, no eran apropiados para vestir en restaurantes lindos. Y los había usado todo el día que viajamos.

Esto fue antes de que hubiera celulares y terminé con una cuenta de $75 por usar el teléfono del hotel para llamar a la aerolínea una y otra vez. Y seguía sin mi maleta.

Se me salían las lágrimas cuando los operadores de la aerolínea me transfirieron por séptima vez. Pero la séptima fue un encanto. La representante de atención al cliente me dijo que sentía mucho lo que estaba pasando y que me hubieran transferido tanto. Aseguró: "Voy a encontrar su maleta". Ninguno de los otros seis había dicho eso. Le creí.

Mientras tanto, dijo que comprara un traje de baño y un vestido y que ella se encargaría de que la aerolínea me lo reembolsara. Me pidió un número de teléfono, dijo que llamaría y dejaría un mensaje para mí cuando encontrara la maleta. De esa forma, podría ir a la playa en vez de quedarme sentada en el cuarto del hotel esperando noticias.

Una hora después llamó. Mi maleta estaba en Santa Cruz, la siguiente isla. Quien sea que haya escrito la tarjeta de embarque del equipaje tenía una pésima caligrafía y habían entregado mal la maleta. No me podía enviar la maleta ese día porque todos los mensajeros ya se habían ido. Pero aseguró que estaría en mi hotel a la mañana siguiente. Y así fue.

Esta mujer no estaba en ventas, estaba en servicio al cliente. Ella resuelve problemas y resolvió el mío. Obtuve mi maleta, el reembolso por el traje de baño y el vestido. Como resultado, escribí a la aerolínea para felicitarla porque asumió la responsabilidad de tener un impacto positivo en alguien que estaba teniendo un día muy malo. No necesitaba hacerlo, pero lo hizo. Así luce la *amabilidad*.

5) Muestra tu gratitud.

Siempre regreso a esto. Vale la pena repetirlo: nadie sobrevive en este mundo por su cuenta. Nadie tiene éxito en el vacío. Nadie es feliz sin gente que ayudar, con quien hacer amigos y de quién preocuparse. Rodéate de la gente que admiras. Apóyate en ellos. Confía en ellos. Pídeles ayuda.

Y sé agradecido cuando te digan "sí". No tienes que mandar 100 tarjetas de agradecimiento en el Día de Acción de Gracias cada año como lo hago yo. Sólo decir "gracias" y sentirlo. Sólo demuestra tu gratitud, ya sea que escuches un "sí" o un "no".

Sé agradecido.

Repaso de los cinco pasos

Ahora que ya conoces mi proceso de cinco pasos, empieza a usarlo: planear, buscar oportunidades, generar confianza, pedir lo que quieres y dar seguimiento. Y si alguna vez necesitas un repaso, usa esta página como una referencia rápida y fácil.

Paso uno: PLANEAR para vender. Ya estás vendiendo todos los días, es posible que lo hagas sin darte cuenta. Ahora planifica cómo hacerlo a propósito.

Paso dos: BUSCAR OPORTUNIDADES de hacer ventas informales. Están en todos lados. Pasan todo el día.

Paso tres: GENERAR CONFIANZA con la gente que tratas cuando haces una venta, pides un favor o ayuda. Pon atención hasta que escuches qué obtendrá la otra persona de la transacción. Entonces puedes dar y recibir algo.

Paso cuatro: PEDIR LO QUE QUIERES. Pide la venta. No ganarás nada si no preguntas.

Paso cinco: DAR SEGUIMIENTO a la gente que te ayudó. Incluso si no obtuviste lo que pediste, alguien se tomó el tiempo de considerar tu petición. Muestra tu gratitud al mantenerte en contacto, mandar reportes del progreso y decir "gracias".

Y recuerda: Todos los trabajos son de ventas, incluso el tuyo.

Epílogo
Ventas de vida

Todos los trabajos ¡son de ventas! Y todos los días, antes, durante y después de trabajar, las ventas continúan.

Les vendes a tus hijos la idea de hacer su tarea y cepillar sus dientes. Le vendes a tu esposo el recoger la ropa limpia de la lavandería. Le vendes a tu club de lectura leer el libro que escogiste. Le vendes al mesero de tu restaurante favorito que te lleve ensalada en vez de papas a la francesa.

La vida es una venta tras otra.

Cada día tratas de convencer a alguien de hacer algo, pides un favor o expones tu caso con la esperanza de cambiar la opinión de alguien.

Ésas son ventas, en específico me gusta llamarlas *ventas de vida*. Toda tu vida has vendido, aunque no seas un vendedor y es probable que no quieras ser uno.

Ahora, sabes que todos los trabajos, incluido el tuyo, en verdad son de ventas de alguna manera. Estás consciente de que, al vender, no hay necesidad de hacerlo presionando, hostigando o de manera deshonesta.

Ya sabes que mi proceso de cinco pasos para hacer una venta, que te beneficie a ti y a la otra persona, es una manera amable y efectiva de negociar para obtener lo que quieres, necesitas y mereces en el trabajo. Bueno, ese mismo proceso funciona cuando no estás en el trabajo.

También puedes usar las habilidades aprendidas en *Todos los trabajos... ¡son de ventas!* para las ventas de vida.

Los pasos son los mismos en tu trabajo y en tu vida no laboral:

1) **Saber lo que quieres y planear para conseguirlo.**

Si te tomas el tiempo para averiguar con exactitud qué quieres y por qué es importante para ti, será más fácil venderle a alguien para que te ayude a conseguirlo. Tener un plan te ayuda a concentrarte más, a establecer prioridades y a prepararte para explicar tu *petición* a la otra persona. Si no puedes explicar lo que quieres, es poco probable que lo obtengas.

2) **Buscar oportunidades y reconocerlas cuando las veas.**

Las oportunidades para ventas informales están en todos lados. Lo mismo aplica para las ventas de vida. Cuando empiezas a poner atención verás la oportunidad de pedir cosas que podrían hacer tu día más fácil, resolver un problema o conseguirte cualquier cosa (desde un trato para los boletos de un concierto hasta una advertencia en vez de una multa cuando te detiene la policía de tránsito). Verás cuántas interacciones de tu vida diaria se pueden convertir de manera fácil en ventas de vida.

3) **Generar confianza con la persona a la que pides ayuda o que haga algo por ti.**

Escucha, observa, sé amable. Aprende lo suficiente sobre la persona con la que estás tratando para saber qué puedes hacer por ella a cambio del favor que necesitas. Mucha gente hará cosas buenas por ti sólo porque eres amable con ella. Una venta de vida, como una venta informal en el trabajo, es algo que obtienes de manera honesta, que también ayuda a la otra persona y que recibes porque estás dispuesto a dar.

4) **Pedir lo que quieres.**

Está bien pedir ayuda a los demás, incluso si lo que quieres no parece importante para nadie más que para ti. Está bien pedirle al barista de la cafetería que vuelva a hacer tu bebida si lo hizo mal la primera vez. Está bien pedir la tarde libre para asistir al evento de tu hijo. Está bien darte permiso no sólo de pedir lo que quieres, también de obtenerlo.

5) Dar seguimiento y ser agradecido.

Ya sea que escuches un "sí" o un "no" cuando tratas de hacer una venta de vida, alguien se tomó el tiempo de escuchar y considerar tu petición, así que di "gracias". Cada vez que haces una venta de vida creas la oportunidad de hacer otra en algún momento en el futuro. Mantente en contacto con la gente que te ayudó. Nunca sabes cuándo puedes regresar el favor o cuándo podrías tener que pedir otro a la misma gente.

Los cinco pasos se combinan en un proceso sostenible que te ayudará a ver oportunidades que, de manera literal, están frente a ti, oportunidades de obtener lo que necesitas, quieres y mereces cada día.

Este proceso te ayudará a pedir con confianza lo que quieres, necesitas y mereces. Te preparará para responder de manera correcta, ya sea que escuches un "sí" o un "no". Y te ayudará a crear relaciones para toda la vida con gente que ya sabe que está feliz de ayudarte.

Ya sea que estés negociando con un vendedor de carros para conseguir un mejor trato o con tu ex para tener fines de semana con tus hijos, este proceso te ayudará a conseguir lo que quieres y necesitas. Es una fórmula comprobada. Úsala cuando le pidas a alguien que recoja a tus hijos de la escuela porque tú no puedes. Aplícala cuando trates de dar un cupón que expiró ayer para comprar algo hoy. Pruébala la próxima vez que necesites que tu dentista te agende en un horario en el que no tiene citas.

En el trabajo y en casa, pasamos cada día en modo de ventas. Cada interacción es una transacción. Cada petición, compromiso y lucha en la que te involucras requiere que vendas algo a otra persona: un punto de vista, una idea o una acción. Si no lo vendes, no escucharás un "sí".

Ahora que ya sabes vender, vende más.
Vende en la casa y en el trabajo.
Funciona para mí. Puede funcionar para cualquiera.
Puede funcionar para ti. Ya lo hace.

Querido lector:

Quiero agradecerte mucho por leer *Todos los trabajos… ¡son de ventas!*

Si escogiste este libro pensando que no eres un vendedor y que no quieres nada con las ventas, espero haber cambiado tu opinión. Espero que las historias y consejos en el libro te ayuden a descubrir y aceptar a tu vendedor interno.

Aprecio que hayas comprado el libro y pasado tu tiempo leyéndolo. Espero que compartas tu futuro éxito en ventas conmigo en www.drcindy.com.

DRA. CINDY

Acerca de la autora

La doctora Cindy McGovern es conocida como la *Primera Dama de Ventas*. Ofrece charlas y consultorías sobre ventas, comunicación interpersonal y liderazgo a nivel internacional. Cindy tiene un doctorado en comunicación organizacional y trabajó como profesora de comunicación antes de fundar Orange Leaf Consulting, una firma de consultoría y gestión de ventas en San Francisco. Ha ayudado a cientos de empresas y personas a crear un crecimiento dramático y sostenible. La doctora Cindy entrena de manera regular tanto a profesionales en ventas como a gente cuyo trabajo no se relaciona con éstas, en un esfuerzo por ayudarles a aprovechar las oportunidades para atraer más negocios a sus empresas. Para más información visita www.drcindy.com.

Todos los trabajos... ¡son de ventas! de Cindy McGovern
se terminó de imprimir en enero de 2021
en los talleres de
Litográfica Ingramex, S.A. de C.V.
Centeno 162-1, Col. Granjas Esmeralda, C.P. 09810
Ciudad de México.